中华人民共和国
政府信息公开条例（2019）
百问百答

后向东 / 著

中国法制出版社
CHINA LEGAL PUBLISHING HOUSE

目　录

附录2

1. 行政机关应当如何规范政府信息公开申请接收渠道?

政府信息公开申请接收,是政府信息公开法律程序的起点,直接影响申请人的权利和行政机关的职责。信息技术的快速发展和信息传递渠道日趋多元,在方便公众提交政府信息公开申请的同时,也对行政机关规范管理提出了更高要求。规范政府信息公开申请接收渠道,要把握好以下三个方面。

第一,结合自身实际情况,确定本机关政府信息公开申请接收渠道。其中,当面提交和邮政寄送这两个渠道是基本渠道,必须开通。其他渠道,如电子邮箱、传真、在线平台等,应当结合实际情况选择开通,注重运用信息化技术手段进一步畅通渠道。

第二,在政府信息公开指南中,详细说明本机关对外开通的政府信息公开申请接收渠道,并具体说明每一个渠道的使用方法。例如,当面提交的时间、地点、文本格式要求等;邮政寄送的收件人、收件地址、信封上是否需要标注“政府信息公开申请”字样等;电子邮箱的地址、邮件标题要求等。

第三,对于未在政府信息公开指南中列明的政府信息公开申请接收渠道,行政机关不承担相应的法律责任,但也要本着便民的精神妥善处置,通常情况下不宜简单地拒绝接收。

2. 申请人将政府信息公开申请寄给负责人个人，应当如何处理？

申请人将政府信息公开申请寄给负责人个人的情况，实践中经常发生。对于这类申请的处理，行政机关应当把握好三个环节。

一是进行初步审查。如果信封上注明了“政府信息公开申请”字样，可直接按照正常的政府信息公开申请处理。

二是加强内部提醒提示。行政机关政府信息公开工作机构应当以适当方式，经常提醒本机关收发窗口以及本机关负责人和本机关内设机构负责人，对于申请人向负责人个人寄送的政府信息公开申请，应当尽快转交政府信息公开工作机构依法办理。

三是规范处理移交来的政府信息公开申请。政府信息公开工作机构收到行政机关负责人以及行政机关内设机构负责人移交的政府信息公开申请后，应当在第一时间与申请人进行确认，自确认之日起启动处理程序，起算政府信息公开处理期限。如果无法与申请人取得联系，应当将该政府信息公开申请登记备查，自恢复与申请人的联系之日起，启动政府信息公开申请处理程序。这里的“恢复与申请人的联系之日”，一般是申请人主动联系行政机关询问处理进展情况之日,也可以是申请人通过提起行政复议或者行政诉讼的方式与行政机关取得联系之日。

3. 申请人将政府信息公开申请寄给本机关其他内设机构,应当如何处理?

申请人将政府信息公开申请寄给本机关其他内设机构的情况,实践中也经常发生。处理办法,与申请人将政府信息公开申请寄给负责人个人的情形基本相同。

4. 申请人通过传真或者电子邮件提交申请,因技术故障没有收到,应当如何处理?

首先,行政机关应当在政府信息公开指南中,对本机关的政府信息公开申请接收渠道逐一列明,并具体说明每一个渠道的使用方法。

其次,考虑到技术故障的发生无法完全避免,为规范起见,行政机关对外开通传真或者电子邮件接收渠道的,应当设置确认程序,即凡是通过传真或者电子邮件接收的政府信息公开申请,应当在收到后与申请人进行确认,并以确认之日为收到政府信息公开申请之日。未经确认,无论政府信息公开申请事实上是否收到,都不能在法律上正式启动政府信息公开申请处理程序。如果无法与申请人取得联系，则应当将该政府信息公开申请登记备查，自恢复与申请人的联系之日起，启动政府信息公开申请处理程序。

最后，行政机关对于所开通的传真和电子邮箱接收渠道，应当加强日常管理维护，最大限度地防止技术故障的发生，确保渠道畅通。

5. 申请人通过邮政企业以外的快递公司提交政府信息公开申请，应当如何处理？

行政机关应当在政府信息公开指南中详细说明，申请人通过邮政寄送渠道提交政府信息公开申请，能否选择邮政企业以外的快递公司。

如果行政机关在政府信息公开指南中明示，本机关邮政寄送渠道包括邮政企业以外的快递公司，则应当对邮政寄送渠道进行相应规范，规范的核心和重点是确认环节。通过邮政企业以外的快递公司提交的政府信息公开申请，行政机关应当在收到后与申请人进行确认，并以确认之日为收到政府信息公开申请之日。如果无法与申请人取得联系，则应当将该政府信息公开申请登记备查，自恢复与申请人的联系之日起，启动政府信息公开申请处理程序。

如果行政机关在政府信息公开指南中明示，本机关邮政寄送渠道不包括邮政企业以外的快递公司，那么对于申请人通过邮政企业以外的快递公司提交的政府信息公开申请，行政机关可以根据实际情况灵活处理：可以拒收，也可以参照前述规定办理，即行政机关应当在收到后与申请人进行确认，并以确认之日为收到政府信息公开申请之日。如果无法与申请人取得联系，则应当将该政府信息公开申请登记备查，自恢复与申请人的联系之日起，启动政府信息公开申请处理程序。

6. 申请人在政府信息公开申请中未提供联系方式的，应当如何处理？

联系方式是法定的政府信息公开申请内容之一。后续的补正、处理决定送达等环节，都需要与申请人取得联系。没有联系方式，就不能启动后续的政府信息公开申请处理程序。因此，申请人在政府信息公开申请中未提供联系方式、无法与其取得联系的，应当将该政府信息公开申请登记备查，自恢复与申请人的联系之日起，启动政府信息公开申请处理程序。

7. 政府信息公开目录该怎么编？

大家普遍感觉政府信息公开目录不太好编，事实上，在现时的背景下，它确实不好编，因为政府信息公开目录是一个“历史的遗迹”。

在政府信息公开法律制度刚出现时，行政机关的职能相对较为有限，相应地，在履行职能过程中所产生的政府信息也较为有限。因此，编制政府信息公开目录在当时是可行的，此为其一。其二，当时的人们之所以要制定政府信息公开法律制度，除民主配套、限制权力等目的外，另一个重要的目的就是加强行政机关对政府信息的管理，既方便公众获取，又避免政府信息因管理不善而逐步散失。因此，编制政府信息公开目录在当时是有着特定的现实针对性的。

随着时代的发展，行政机关的职能不断拓展，相应地，产生的政府信息也越来越多。时至今日，恐怕没有哪个行政机关能够确切地搞清楚自身持有多少政府信息。因此，像政府信息公开法律制度出现之初那样，把所有的政府信息都编成目录，已经不太可行了。但与此同时，行政机关对政府信息管理不够规范的问题，却依然存在，甚至更为突出。因此，政府信息公开目录，依然有其存在的必要，只不过不能机械地生搬硬套、不加区分。那么，在新的时代条件下，政府信息公开目录该怎么编呢？

综合考虑政府信息公开目录的历史和现实，参考借鉴其他国家在这方面的实际做法，编制政府信息公开目录可从以下两个方面入手。

一是依据本机关法定的主动公开内容，编制详细的政府信息公开目录，并与政府信息公开专栏有机结合，甚至可以直接体现为政府信息公开专栏的条目设置。法定的主动公开内容，主要规定在《政府信息公开条例》[①]的第二十条，共十五项内容，其中，有十项是所有行政机关的共性内容，分别是第（一）、（二）、（五）、（六）、（七）、（八）、（九）、（十）、（十四）、（十五）项，另外五项是一级政府的共性内容，分别是第（三）、（四）、（十一）、（十二）、（十三）项。二是结合本机关所承担的法定职责，对履职过程中可能产生的政府信息内容或者类别，进行适当的描述，为公众向本机关获取政府信息提供必要的指引。这种描述，不要求像法定主动公开的内容那样包括政府信息的索引、名称、内容概述、生成日期等要素，实际上也不可能做到那么详细，只需要大致描述、能起到一定的说明指引作用就可以了。

总而言之，当下的政府信息公开目录基本编制方法是“详细目录”加“一般描述”。对于法定的主动公开内容，可以编制详细的政府信息公开目录；对于其他内容，只需要进行一般性描述，不需要也不可能编制详细的政府信息公开目录。

① 为便于阅读，本书中相关法律文件标题中的“中华人民共和国”字样均予以省略。

8. 对不予公开的政府信息进行定期评估检查应该怎么做?

《政府信息公开条例》要求,对不予公开的政府信息,要定期进行评估检查,对因情势变化可以公开的政府信息应当公开。这一要求,从精神、理念、出发点等角度看,都是适当且必要的。如何把这一要求恰如其分地落到实处,是一个需要注意的问题。如果不能很好地把握其内在限制,这一要求就很容易流于形式。

首先,评估检查的对象应该有所限定。在行政机关职能越来越广泛、政府信息日趋增多的时代条件下,如果将这种定期评估检查的对象设定为行政机关所有的政府信息,既不可操作,也没有必要。定期评估检查的对象,第一是本机关此前拒绝公开的政府信息公开申请所涉及的政府信息;第二是本机关新制作的、未予公开的政府信息。对这类政府信息定期评估检查,既具备可操作性,也有一定的必要性。除此之外,对于其他量大面广的政府信息,既难以将其真正全部纳入定期评估检查对象,也没有必要为之耗费巨大的人力物力。

其次,定期评估检查的期限,也应该有所限定。一般而言,每年度或者每三年作为一个评估检查周期,是较为适宜的。具体要根据各行政机关的实际情况加以确定。各级政府信息公开工作主管部门可以结合实际，出台相应的指导意见。

9. 应该如何选择运用公开渠道?

技术的发展从来都是一把双刃剑，在带来进步的同时，也提出了挑战。随着信息技术的发展，政府信息公开的渠道越来越多元。《政府信息公开条例》明文提到的，就有政府公报、政府网站或者其他互联网政务媒体、新闻发布会以及报刊、广播、电视等；实际生活中，还有公告栏、大喇叭，甚至工作人员现场宣讲等。公开渠道的多元化，在极大降低公开成本、提高公开效率的同时，也提出了一个公开渠道选择的问题。

行政机关在选择公开渠道时，要注意把握两个原则。

一是权威性的原则，这主要是针对核心政府信息而言的。法规、规章、规范性文件等具有重大实质性影响的政府信息，属于核心政府信息，核心政府信息的公开渠道选择，应当特别注重权威、规范。例如，行政法规一般应当通过国务院公报发布，国务院公报发布的行政法规是标准文本，这是《立法法》的明文规定。规章、规范性文件等核心信息，不对外发布就不能生效。对外发布的渠道，一般应当选择政府公报，政府公报发布的属于标准文本。法规、规章和规范性文件也可以通过其他渠道公开，但是，这类核心政府信息，要有一个基准性的公开渠道，其他渠道公开的核心政府信息，应当来源于这种基准性的公开渠道。如果抛开基准性公开渠道，随意地通过其他多元化渠道公开，反而不利于人们真正掌握这类核心政府信息。

二是针对性原则。除核心政府信息外，其他政府信息的公开渠道，要注重针对性。比如，主要关注群体为乡村老年人的政府信息，就不适合只通过政府网站公开；时效性很强，且对实时到达率要求很高的政府信息（如灾害应急信息）选择大喇叭公开可能比选择微博微信公开更适当。政府信息公开渠道之间，没有绝对的先进与落后、高端与低端之分，而只有适合与不适合的区别，重在针对性。

10. 申请人提交的政府信息公开申请内容不明确的，应当如何处理？

政府信息公开申请内容不明确的，行政机关不宜过于主观地去推测申请人的真实意图和需求，而应与申请人取得联系，沟通了解其确切的意图和需求，以便进一步明确政府信息公开申请内容。

如果申请人不予配合，或者可能存在其他法律风险，行政机关应当依法启动补正程序，书面通知申请人对内容不明确的政府信息公开申请进行补充更正。

如果无法与申请人取得联系,行政机关应当将该政府信息公开申请登记备查,自恢复与申请人的联系之日起,启动政府信息公开申请处理程序。

11. 申请人拒绝补正,或者补正后内容依然不明确的,应当如何处理?

申请人拒绝补正,或者补正后政府信息公开申请内容仍然不够明确的,行政机关可以书面通知申请人:因申请内容不明确,本机关无法处理其政府信息公开申请。

这一处理决定是基于客观事实作出的,不是基于法律授权作出的。因此,可以不援引具体的法律条文作为依据。这是世界通行做法。

12. 能不能简化补正程序,口头要求补正?

补正程序不能简化。

补正程序启动的条件,是政府信息公开申请内容不明确,但是,不能据此理解为,凡是政府信息公开申请内容不明确的,都应立即启动补正程序。补正程序应当在沟通无果的情况下酌情启动。如果通过电话沟通等方式,能够明确政府信息公开申请的内容，就不需要启动补正程序。也正因如此，补正程序不能简化为口头方式，而必须采取规范的书面形式。书面补正通知中，要说明补正的方式、期限要求以及不补正的法律后果等事项。

13. 申请人提供的身份证明如何核实？

身份证明，是政府信息公开申请的必备内容之一。除公安部门外，其他行政机关一般不具备核实身份证明的能力。目前，各行政机关与公安机关之间，还没有普遍实现数据互联互通。因此，行政机关需要核实申请人身份证明时，往往需要公安部门的协助。

多数情况下，申请人的身份，并不影响相关政府信息是否公开的判断。因此，多数情况下，行政机关并不需要专门对申请人的身份证明进行核实。

如果申请人的身份影响到对相关政府信息是否公开的判断，或者可能存在冒用身份等不正常情形时，行政机关可以对申请人的身份证明进行核实。身份证明存在问题的，可以与申请人进一步沟通，或者启动补正程序请申请人提供正确的身份证明。申请人拒绝补正的，视为放弃申请。

14. 申请人要求提供红头文件原件，或者要求加盖印章，应当如何处理？

一般而言，政府信息公开制度主要解决“知”的问题，政府信息的形式，是次要问题。因此，就政府信息的形式问题，行政机关只承担有限度的责任。也就是说，在力所能及的限度内，行政机关可以按照申请人所要求的形式提供政府信息，但如果行政机关认为不宜完全按照申请人要求的形式提供政府信息，可以不按照申请人所要求的形式提供政府信息。绝大多数国家的信息公开法，在这方面的做法都大体一致。

15. 法定的20个工作日，应当从哪一天起算？

法定的20个工作日，从行政机关收到政府信息公开申请之日的次日起算。

行政机关收到政府信息公开申请之日的确定，总的原则是：有确切依据的按照确切依据认定，没有确切依据的以双方确认的方式认定。具体的认定规则如下：

1. 申请人当面提交政府信息公开申请的，以提交之日为收到申请之日。

2. 申请人以邮寄方式提交政府信息公开申请的，以行政机关签收之日为收到申请之日；以平常信函等无需签收的邮寄方式提交政府信息公开申请的，政府信息公开工作机构应当于收到申请的当日与申请人确认，确认之日为收到申请之日。

3. 申请人通过互联网渠道或者政府信息公开工作机构的传真提交政府信息公开申请的，以双方确认之日为收到申请之日。

4. 申请人通过行政机关在政府信息公开指南中明示的其他渠道提交政府信息公开申请的，以行政机关在政府信息公开指南中确定的方式确定收到申请之日。如果行政机关在政府信息公开指南中明示了其他渠道，但是没有明确收到申请之日的确定方式，则按照有利于申请人的原则认定收到申请之日。

5. 申请人向行政机关负责人、政府信息公开工作机构以外的其他内设机构及其负责人寄送政府信息公开申请的，以双方确认之日为收到申请之日。

以上的“确认”，一般通过电话或者通过申请人提供的其他联系方式进行。双方确认，不等同于双方一致，实际上是行政机关单方知会申请人，不需要取得申请人同意。

16. 需要延期的，应当如何告知申请人？

延期决定，可以采取口头通知的方式。

延期决定权在政府信息公开工作机构负责人，且作出延期决定的条件限制相对宽松，只要政府信息公开工作机构负责人认为需要延期，就可以延期。由此而言，《政府信息公开条例》赋予行政机关的是单方面的几乎绝对的程序性权力，这种单方面的绝对的程序性权力的行使，既不需要申请人的同意，也不影响申请人的实体权益，因此在立法上不需要设定过于复杂的程序，在实际执行中也不需要繁文缛节。

17. 行政机关下属单位，能否作为第三方？

行政机关下属单位，不能作为第三方。

《政府信息公开条例》设计的征求第三方意见程序，是为了在申请人的知情权与第三方合法权益之间保持适当平衡。这个第三方，主要指行政机关以外的第三方。行政机关相互之间，不构成第三方。行政机关下属单位，在多数情况下接近于行政机关内设机构，在其他一些情况下类似于与其他行政机关的关系。因此，行政机关下属单位不能作为第三方。当政府信息公开申请涉及下属单位时，不能启动征求第三方意见程序，当然更不能以下属单位不同意公开为由拒绝公开。

18. 政府信息公开处理决定在法定期限内已经做出，但是没有送达申请人，是否构成超期违法？

《政府信息公开条例》确立的期限限制，指向的是向申请人送达的环节，而不是行政机关内部作出决定的环节。因此，行政机关在法定期限内已经作出了决定，但是没有向申请人送达，将构成超期违法。

需要注意的是，向申请人的送达，不完全等同于申请人事实上的收到。根据现行有关法律规定，送达有三种方式，分别是直接送达、委托其他行政机关代为送达和邮寄送达。在直接送达和委托其他行政机关代为送达这两种方式下，向申请人送达等同于申请人事实上收到。在邮寄送达方式下，行政机关交寄之日，视为向申请人送达之日。

综上，行政机关在理解和把握政府信息公开申请处理期限时，要注意把握三点。一是政府信息公开申请处理决定必须在法定期限内作出。二是作出的处理决定必须在法定期限内送达申请人。三是不同送达方式有不同的送达时间点认定方式：直接送达和委托其他行政机关代为送达的，以申请人实际收到为准；邮寄送达的，以交寄日为准。

另外需要说明的是，采用邮寄送达的，即便因种种原因而被退回，也不影响送达的认定。对于邮政企业退回的政府信息公开处理决定，行政机关将相关材料留存备查即可。

19. 申请人反复就已经主动公开的政府信息提起申请的情形，可能涉及《政府信息公开条例》相关条文的竞合，具体该如何适用？

申请人反复就已经主动公开的政府信息提起申请，可能涉及四种不同情形。

一是申请内容各不相同，且不构成数量、频次明显超过合理范围的，可按照《政府信息公开条例》第三十六条第（一）项处理。

二是申请内容各不相同，且构成数量、频次明显超过合理范围的，可按照《政府信息公开条例》第三十五条处理。

三是申请内容相同，且不构成数量、频次明显超过合理范围的，可按照《政府信息公开条例》第三十六条第（六）项处理。

四是申请内容相同，且构成数量、频次明显超过合理范围的，可以按照《政府信息公开条例》第三十六条第（六）项处理，也可以按照《政府信息公开条例》第三十五条处理，一般优先考虑按照第三十六条第（六）项处理。

20. 层级差别较大的行政机关之间，如何相互征求意见？

这是实践中经常被提出来的问题，但在某种程度上属于并不存在的“伪命题”。

行政机关之间相互征求意见的情形，一般限于共同制作，或者相互获取。层级差别较大的行政机关之间，一般不会出现共同制作的情形。至于相互获取，按照《党政机关公文处理工作条例》第四十条的规定，党政机关“行文关系根据隶属关系和职权范围确定。一般不得越级行文，特殊情况需要越级行文的，应当同时抄送被越过的机关”，据此，逐级行文是我国公文处理的基本规则，越级行文的情形十分罕见，不能作为一般性问题提出来，更不能依据这种非正常的情形作相应的制度设计。

21. 当面向申请人提供政府信息公开申请处理决定或者政府信息的，应如何保存证据？

行政机关向申请人直接送达政府信息公开申请处理决定，或者当面向申请人提供其申请的政府信息的，应当要求申请人签收送达回执。申请人拒绝签收的，行政机关可以变更送达方式，也可以将具体情形登记备查。

22. 申请人要求通过快递方式送达，能否按其要求办理?

行政机关作出的政府信息公开处理决定，是正式的国家公文，应当以权威、规范的方式依法送达申请人。参照有关法律规定，送达方式包括直接送达、委托其他行政机关代为送达和邮寄送达。采取邮寄送达方式送达的，根据《邮政法》第五十五条规定以及我国国家公文邮寄送达的实际做法，应当通过邮政企业送达，不得通过不具有国家公文寄递资格的其他快递企业送达。

即便申请人明确要求通过邮政企业以外的其他快递企业寄送政府信息公开申请处理决定，行政机关也不宜按照其要求办理。

23. 区分处理，具体如何操作?

申请人申请公开的信息中含有不应当公开或者不属于政府信息的内容，但是能够作区分处理的，行政机关应当向申请人提供可以公开的政府信息内容。

实践中，各行政机关普遍采取以下方式作区分处理：对于涉及人名、数字等极个别需要区分处理的信息，行政机关一般采取局部涂黑的办法；需要区分处理内容较多的信息，行政机关一般采取重新制作删减版的办法。

从我国政府信息公开工作实际情况出发,部分公开、部分不予公开的具体操作方法,不宜过于复杂。目前广大行政机关实际采用的局部涂黑和重新制作删减版,是较为符合实际需要的办法。重新制作删减版的,需要以适当方式提示申请人相关政府信息为删减版。

24. 多人联合提交相同内容的政府信息公开申请,应当如何办理?

多人联合提交相同内容的政府信息公开申请,行政机关可以合并处理,只作一个政府信息公开申请处理决定。

处理决定文书上,抬头可仅列明申请人明确的代表人员姓名。申请人没有明确代表人员姓名的,抬头可仅列明前5名申请人姓名并加“等××人”字样。根据具体情况,可以仅向申请人代表提供处理决定文书,也可以分别向所有申请人提供处理决定文书。

25. 多人分别提交相同内容的政府信息公开申请,应当如何办理?

多人分别提交相同内容的政府信息公开申请,行政机关在办理过程中,内部程序可以简化,合并为一个事项办理,履行一次内部审批程序。但是,对外作出决定以及送达环节,在没有法律明文依据的情况下,不宜合并处理,原则上需要逐一作出决定并送达。如果今后立法上或全国政府信息公开工作主管部门以法规解释的方式确立了合并处理的机制以及一致行动人的合并计算规则,则对这类情形的处理将更为简便。

26. 申请人直接向行政机关申请更正与其自身相关的政府信息,应当如何办理?

《政府信息公开条例》第四十一条规定,“公民、法人或者其他组织有证据证明行政机关提供的与其自身相关的政府信息记录不准确的,可以要求行政机关更正。有权更正的行政机关审核属实的,应当予以更正并告知申请人;不属于本行政机关职能范围的,行政机关可以转送有权更正的行政机关处理并告知申请人,或者告知申请人向有权更正的行政机关提出”。

政府信息更正机制,是从属于政府信息公开制度的一项机制,不能独立运行。这一机制的适用对象,是申请人依据政府信息公开制度从行政机关处获取的政府信息。政府信息的更正,必须以政府信息的公开为基础和前提。

据此，申请人未经政府信息公开程序，直接向行政机关申请更正与其自身相关的政府信息，行政机关不承担相应的法定职责。当然，如果其他法律法规有更正信息的相应规定，则按照其他法律法规的规定办理。

27. 公共企事业单位，是否有责任处理信息公开申请？

公共企事业单位的信息公开，不再参照适用《政府信息公开条例》，而是转为行政机关的监管要求。需要公开什么内容、如何公开、未按要求公开将承担何种法律后果等，都由法律、行政法规等确定，或者由行政机关根据法律、行政法规授予的行政监管权，作出具体规定。

因此，对于公共企事业单位是否有责任处理信息公开申请的问题，不能一概而论，而要看相关法律、行政法规的规定，以及相关行政机关依据法律、行政法规授予的行政监管权作出的具体规定。如果没有相关规定，公众不能仅依据《政府信息公开条例》要求公共企事业单位处理其信息公开申请。

28. 外国人提交的政府信息公开申请，应当如何办理？

随着我国对外开放力度不断加大，国际交流日趋增多，外国人对于我国经济社会发展的关注度越来越高，相应地，外国人向我国各级行政机关提交政府信息公开申请的情形也越来越多。

早在 2008 年，国务院办公厅秘书局就曾针对国家发展改革委办公厅的有关请示事项，作出过一个原则性的指导意见，即《国务院办公厅秘书局关于外国公民、法人或其他组织向我行政机关申请公开政府信息问题的处理意见》。主要内容为：一是在我国境内的外国公民、法人或其他组织提出的政府信息公开申请，依据《政府信息公开条例》办理，在我国境外的外国公民、法人或其他组织提出的政府信息公开申请不予处理；二是对外提供的政府信息以中文文本为限；三是港澳台居民、法人或其他组织参照前述方式办理。

随着实践的发展演变，这个原则性的意见越来越难以满足实践需要。一是随着信息技术的发展，通过网络申请政府信息公开的，难以判断申请人是否在我国境内；二是不予受理是否需要告知申请人以及如何告知，不够明确；三是在限制申请权的前提下，港澳台居民、法人或其他组织毕竟不同于外国公民、法人或其他组织，不宜简单地参照前述方式办理。

由于种种原因，现行《政府信息公开条例》依然没有明确如何处理外国人提起的政府信息公开申请。综合参考其他国家信息公开法的相关规定和实际做法，结合我国当前的实际情况，行政机关对于外国人提交的政府信息公开申请，可以考虑按照以下三个原则处理。

第一，对外国人提起的政府信息公开申请，原则上参照一般政府信息公开申请办理。

第二，在具体处理时，要注意方式、方法。对于能够公开的，以在政府网站公开后告知获取方式和途径的方式为主；对于不予公开的，以口头沟通解释说明的方式为主。

第三，行政机关不承担以国家通用语言文字以外的其他语言文字办理政府信息公开事项的义务，也不承担向境外地址寄送政府信息的义务。

29. 港澳台人士提交的政府信息公开申请，应当如何办理？

港澳台人士在我国法律上的身份地位与外国人不同，在目前也与内地居民不完全相同。

对于港澳台人士提交的政府信息公开申请，目前可以考虑暂时按以下原则办理。具体是：

第一，对港澳台人士提起的政府信息公开申请，原则上参照一般政府信息公开申请办理。

第二，在具体处理时，要注意方式方法。对于能够公开的，以在政府网站公开后告知获取方式和途径的方式为主；对于不予公开的，以口头沟通解释说明的方式为主。

第三，行政机关不承担以国家通用语言文字以外的其他语言文字办理政府信息公开事项的义务，也不承担向大陆地区以外地址寄送政府信息的义务。

30. 工作秘密能否豁免公开？

对这个问题不能一概而论，要从两个方面来看。第一，工作秘密本身不是法定豁免事由。第二，涉及工作秘密的信息，如果符合法定豁免条件，则可以豁免公开。

工作秘密这个概念主要在《公务员法》中使用，强调的是公务员有保守工作秘密的义务。把对公务员的要求，转化为行政机关对抗申请人的豁免事由，是张冠李戴了。

由于工作秘密的外延很宽泛，其中很可能存在与豁免事项的重合，如国家秘密当然也属于工作秘密，损害“三安全一稳定”的信息、内部信息、过程性信息等，也可能属于工作秘密。因此，也不能绝对地讲，工作秘密都不能豁免公开。只能说，工作秘密本身不是法定豁免事由。

31. 行政机关履行司法职能所形成的政府信息，能否豁免公开？

这是实践中经常被讨论的问题，然而却是一个“伪命题”。

所谓的立法职能、司法职能、行政职能，并不是确切的法律概念，没有哪部法律对立法职能、司法职能、行政职能作出过界定，因而在法律上，并不存在立法职能、司法职能、行政职能的区分。对于行政机关而言，职权法定是基本原则，行政机关履行的都是法定职能。

至于公安机关按照《刑事诉讼法》的规定开展刑事侦查工作，不能因为涉及与司法机关的衔接问题就将其认定为履行司法职能。恰恰相反，《刑事诉讼法》对于行政机关、司法机关、检察机关在刑事诉讼程序中的职责定位，作了非常明确的区分。这种区分，不仅不意味着行政机关履行司法职能，而且恰恰相反，其正体现了不同类型的国家机关各司其职、分工协作的制度设计，凸显的是公安机关的行政职能。

当然，为了确保刑事侦查活动的正常进行，相关政府信息不能公开，或者不能在特定时间段公开。因此，有必要将这类政府信息予以豁免。世界各国的信息公开法中，都有关于公开后可能妨碍行政执法活动正常开展的豁免规定，所针对的就是这类问题。《政府信息公开条例》主要通过对国家秘密、可能危及“三安全一稳定”的政府信息、行政执法案卷信息等的豁免，解决这方面的问题。

因此，对于这个问题的回答，与有关工作秘密的问题一样，不能一概而论，要从两个方面来看。一方面，不存在所谓的行政机关履行司法职能的问题；另一方面，行政机关依照《刑事诉讼法》等法律履行职责所产生的政府信息，符合法定豁免条件的，可以豁免公开，但是，豁免理由并不是所谓的行政机关履行司法职能。

32. 如何判断公开会对公共安全、社会稳定产生不利影响？

特定政府信息的公开将产生什么样的后果，是基于对未来的预测。凡是预测，都不可能十分确定。基于预测的不确定性条款，与法律规定的确定性要求之间必然存在矛盾。这个矛盾，是信息公开法的内在矛盾，在世界各国信息公开法中普遍存在，目前尚没有很好的解决办法。

行政机关在实际操作中，可以考虑通过程序克服这种基于预测的不确定性。具体办法是，行政机关认为特定政府信息的公开可能对公共安全和社会稳定产生不利影响的，将此问题提交同级政府研究提出意见。同级政府经过研究后予以确认的，可以认定相关政府信息的公开将会对公共安全和社会稳定产生不利影响。由此引发争议的，行政复议机关和司法机关原则上应当尊重这一经过特定程序作出的判断。

33. 什么是政府信息？

根据《政府信息公开条例》第二条的规定，政府信息指

"行政机关在履行行政管理职能过程中制作或者获取的,以一定形式记录、保存的信息"。这个表述较为宽泛,基于这种宽泛的表述,很难确定特定信息是否属于政府信息。不仅我国如此,其他国家信息公开法中有关政府信息的表述,也同样宽泛。

有关政府信息的表述较为宽泛,这并不是问题。但如果将这种宽泛的表述用作判断是否公开的标准或者依据,就将出现标准不明确的问题。换言之,什么是政府信息,一般情况下不是问题,但如果将其作为判断特定信息是否属于政府信息从而是否应当公开的标准或者依据,就成为问题。实践中有关政府信息的诸多争议,根源都在于此。

新修订的《政府信息公开条例》,对豁免条款作出了明确规定,同时明确,除法定的豁免条款外,其他条款不得作为豁免公开依据。是不是政府信息,不能作为是否公开的判断标准或者依据。因此,什么是政府信息的问题,已经不再具有实际意义。

34. 如何认定国家秘密?

国家秘密,是指"关系国家安全和利益,依照法定程序确定,在一定时间内只限一定范围的人员知悉的事项"。国家秘密由三个核心要素构成:一是内容方面,关系国家安全和利益的事项;二是形式方面,依照法定程序确定;三是效果方面,在一定时间内只限一定范围的人员知悉。根据这个定义,简言之,国家秘密就是经法律授权的定密机关,履行特定程序后,针对特定政府信息作出的一种法律属性认定。

从政府信息公开的角度看待国家秘密,重点应当关注形式方面,即特定政府信息是否依照法定程序确定为国家秘密。依法确定为国家秘密的,就是国家秘密;没有依法确定为国家秘密的,就不是国家秘密。确定国家秘密的法定程序,主要有三个方面:一是确定的主体是有权定密机关,二是经过定密程序作出相应的决定,三是相应决定一般应当采取书面形式。

如果特定政府信息没有经过上述法定程序,就不是国家秘密。实践中,对于那些没有经过法定定密程序的政府信息,仅仅以符合定密条件为由,将其认定为国家秘密并拒绝公开的行为,明显不符合《保守国家秘密法》和《政府信息公开条例》的规定。

35. 如何认定商业秘密?

商业秘密,和国家秘密一样,属于对政府信息的一种法律属性认定。任何法律属性的认定,都要以相关法律规定为前提。如果没有相关法律规定,就没有相应的法律属性。

我们并没有一部“商业秘密法”，因此从法律上来讲，不存在商业秘密这类政府信息。《反不正当竞争法》中有关商业秘密的条款，不是规定什么政府信息属于商业秘密，而是强调有关市场主体保守商业秘密的义务，其核心要义是市场主体的义务，而不是商业秘密的界定。在这方面，商业秘密与工作秘密是一样的。法律上并不存在工作秘密这类政府信息，《公务员法》中有关公务员保守工作秘密义务的规定，强调的是公务员的义务，而不是对工作秘密的界定。

涉及商业秘密的政府信息，在符合相应条件时可以豁免公开。这个豁免条件不是对商业秘密的认定，而是损害的后果，即特定政府信息的公开，会不当地损害有关市场主体的商业利益。世界上绝大多数国家信息公开法，在这方面采取的都是这种处理方式。

正因如此，《政府信息公开条例》有关商业秘密的措辞是“涉及商业秘密、个人隐私等公开会对第三方合法权益造成损害的政府信息，行政机关不得公开”，与之不同的是，有关国家秘密的措辞是“依法确定为国家秘密的信息”。

总之，没有法律依据去认定特定信息是否属于商业秘密，也不需要去认定特定信息是否属于商业秘密。相关政府信息是否能够豁免公开，关键看其公开后是否会不当损害相关第三方的合法权益。

36. 如何认定个人隐私?

对这个问题的回答,与对于如何认定商业秘密的回答是一样的。由于目前我国还没有出台个人隐私保护方面的法律法规,因此没有法律依据去认定特定信息是否属于个人隐私,也不需要去认定特定信息是否属于个人隐私。相关政府信息是否能够豁免公开,关键看其公开后是否会不当地损害相关第三方的合法权益。

37. 如何认定内部事务信息?

内部事务信息、内部信息等相关概念,实践中经常使用,似乎成了政府信息公开制度中的基本概念。但事实是,这些概念的内涵和外延并不确定,世界各国信息公开法也很少使用这类概念。

当然,这个概念所指向的那些政府信息,确实有豁免公开的必要。为了照顾实践中已经形成的使用习惯,同时克服这些概念的模糊性,《政府信息公开条例》采取了一个折中的办法,在使用内部事务信息这个概念的同时,对内部事务信息作了列举式的限定,限于“人事管理、后勤管理、内部工作流程”三大类。从其他国家的相关做法和我国具体情况出发，这三类信息可进一步细化为行政机关工作人员信息、政府采购以外的民事合同信息、内部工作流程信息、人事管理信息、行政后勤管理信息、内设机构之间的沟通信息六小类。

38. 如何认定过程性信息？

与内部信息一样，过程性信息也是一个实践中被广泛使用，但内涵和外延并不确定、世界各国信息公开法很少使用的概念。

同样是为了照顾实践中已经形成的使用习惯，同时克服这些概念的模糊性，《政府信息公开条例》采取了一个折中的办法，在使用过程性信息这个概念的同时，对过程性信息作了列举式的限定，限于“讨论记录、过程稿、磋商信函、请示报告”四类。

39. 在政府信息公开申请处理过程中，发现应定密而未定密的，能否在依法定密后以国家秘密为由拒绝公开？

可以。

定密权是《保守国家秘密法》授予行政机关的法定权力，《保守国家秘密法》对于该法定权力的行使，规定了一系列条件，其中并没有限制行政机关在收到政府信息公开申请后再行定密的行为。这也就意味着，行政机关可以在政府信息公开申请处理过程中，针对特定政府信息作出依法定密的决定。如果定密行为违法或者明显不当的，应当依据《保守国家秘密法》的规定作出处理，不能因为担心行政机关可能违法或不当定密而不允许其在特定情形下作出定密决定。其他一些国家如美国，在政府信息公开工作中也遇到过同样的问题，并引发了影响较大的诉讼案件，最终的处理结论，也是确认行政机关在政府信息公开申请处理期间可以依法作出定密决定。

40. 符合定密条件但没有履行定密手续的政府信息，能否以国家秘密为由拒绝公开？

不能。

国家秘密是政府信息的一种法律属性，是经法律授权的定密机关，经过法定程序后，对特定政府信息作出的一种法律属性确认。因此，是不是国家秘密，核心和关键在于是否依照法定程序确定，而不仅仅在于是否符合定密条件。这就好比一对未婚适龄青年，符合法定结婚条件，但是，未经民政部门登记确认，就不构成法律上的夫妻关系。

41. 是不是凡属于国家秘密的信息一概不予公开?

不能这么简单地处理问题。

国家秘密不是与生俱来的,也不是永远不变的,而是可以随着具体情况变化而变化的。《保守国家秘密法》第十八条第一款明确规定,“国家秘密的密级、保密期限和知悉范围,应当根据情况变化及时变更”;第十九条第二款进一步规定,“对在保密期限内因保密事项范围调整不再作为国家秘密事项,或者公开后不会损害国家安全和利益,不需要继续保密的,应当及时解密”。

政府信息公开工作机构的首要职责是推动公开。政府信息公开申请涉及国家秘密的,政府信息公开工作机构要按照《保守国家秘密法》的规定,对国家秘密进行再次评估。如果可以公开,则应当积极推动行政机关履行解密程序,并在解密后向申请人公开相关政府信息。

42. 符合法定拒绝公开情形的,能否直接不予答复?

不能。

对政府信息公开申请依法作出处理决定,并将处理决定依法送达申请人,是《政府信息公开条例》的基本要求。实际上,不光《政府信息公开条例》如此,《行政许可法》以及其他设定具体行政许可的法律法规,基本都是如此。行政机关依法拒绝公开的,应当作出正式的处理决定,并规范地送达申请人。

有个别国家的信息公开法规定,行政机关逾期未作出处理的,视为拒绝公开。这属于法律的特别规定。如果没有法律上的这种特别规定作为依据,行政机关逾期不答复的,可能构成行政不作为,将承担相应法律后果。需要指出的是,即便是有这种特别规定,行政机关也不宜过多采取这种默示拒绝的处理方式,因为这在一定程度上有损行政机关的形象。

43. 能否以“不符合立法目的”或“不符合立法原意”为由拒绝公开信息?

不能。

首先,新修订的《政府信息公开条例》对拒绝公开的法定理由作了明确规定,不允许在法定豁免事由之外自行创制拒绝公开理由。

其次,立法目的或者立法原意,不能作为行政执法依据。立法目的或者立法原意究竟是什么,多数情况下是无从准确把握的。所谓的立法目的或者立法原意,都是主观推断出的结论。行政机关不能通过解释立法目的或者立法原意并依据这种主观推断的结论实施行政行为。如果允许这么做,法律的权威性、法治的确定性,都将不复存在。

44. 标注为不公开的信息,能否直接依据标注属性拒绝公开?

不能。

政府信息属性标注,是实践中探索开展的一项工作,出发点是好的,目的是进一步加强政府信息的管理,规范政府信息公开工作。具体如何标注,特别是如何分类,由于缺乏实践经验,还处在探索过程中。实践中,有些行政机关将政府信息标注为"不公开",但这只是行政机关基于实际情况作出的初步判断,不具有外部对抗效力。当有人针对该政府信息提起申请时,是否公开,要依据《政府信息公开条例》作出判断。

45. 是不是凡符合豁免条件的信息都必须拒绝公开?

不是。

豁免条款的本质,是授权行政机关拒绝公开信息,不是禁止行政机关公开信息。如果行政机关认为特定政府信息的公开更有利于维护公共利益或者申请人权益，就可以予以公开。不能将豁免条款理解为禁止性规定，认为凡是符合豁免条件的政府信息，都一概不得公开。即便是依法被确定为国家秘密的政府信息，如果行政机关认为有必要公开的，也可以在依法履行解密程序后予以公开。

包括我国《政府信息公开条例》在内的多数国家的信息公开法，只有针对不公开行为的责任条款，而没有针对公开行为的责任条款。美国《信息自由法》甚至明文规定："本法不对任何不公开信息或者限制提供记录的行为授权。本法也未授权拒绝向国会提供信息。"换言之，在信息公开法上，公开不是问题，不公开才可能成为问题。

46. 申请人申请公开党的文件，应当如何处理？

党的文件，是党的机关制发的文件，发文对象也是党的机关，一般不包括行政机关。实践中，行政机关中会设置党的组织，如党委、党组、党支部等。从法律主体的层面上来讲，在行政机关中设置的党的组织，与行政机关属于不同的主体。在行政机关中设置的党的组织制发的或者接收的党的文件，在法律上与行政机关没有直接的关系。因此，申请人向行政机关申请公开党的文件的，行政机关可以告知申请人，党的文件适用《中国共产党党务公开条例（试行）》。

这样处理会不会损害公众应有的权利呢？不会。首先，我们党坚持依法执政，党的主张将通过法定程序转化为国家意志，由相应的国家机关严格按照法定程序实施。党的文件本身，一般不作为行政机关履职的直接依据。因此，党的文件涉及行政机关依法履行职权的，一般将由行政机关依法进行处理，在这个过程中，由行政机关制作或获取的信息，就构成政府信息，可以通过《政府信息公开条例》依法获取。其次，我们党高度重视信息公开，出台了《中国共产党党务公开条例（试行）》，在全世界范围内开党务公开制度化先河。按照党务公开的要求，适宜公开的党的文件，也将全面予以公开。

与党的文件相关的，还有党政联合发文的问题。党政联合发文，是具有一定特殊性的信息类型。从我国实际情况看，党政联合发文的牵头单位，一般是党的机关，且一般使用党的机关的文号。例如，《中共中央办公厅、国务院办公厅关于全面推进政务公开工作的意见》，牵头单位是中共中央办公厅，文号是“中办发［2016］8 号”。因此，党政联合发文的公开问题，适宜参照党的文件，原则上依据《中国共产党党务公开条例（试行）》办理。申请人申请公开党政联合发文的，行政机关可以告知，相关信息适用《中国共产党党务公开条例（试行）》，本机关不予公开。

47. 申请人以申请政府信息公开的方式查询不动产登记信息的，应当如何办理？

行政机关在履行职责过程中制作或获取的信息中，有一类较为特殊，它不像一般的政府信息那样纯属政府行为的客观记录，而是行政管理的具体内容。最直观的区别是，一般的政府信息期限届满后将转为国家档案，而这类特殊的政府信息不会转化为国家档案，而是由行政机关长期管理。除此之外，对这类政府信息的查询、开放利用等，一般需要出台专门的规定加以规范。这类信息包括不动产登记信息、户籍信息、工商登记信息、社团登记信息、银行账户信息、股票交易信息等。从法律属性上来讲，这类信息的公开，属于业务查询事项，与政府信息公开有着内在的根本性差异，因此不能把这类业务查询事项与政府信息公开事项相混淆。

申请人通过政府信息公开渠道要求获取不动产登记资料、工商登记信息、户籍信息、社团登记信息、银行账户信息、股票交易信息等，行政机关依据《政府信息公开条例》第三十六条第（七）项的规定，告知申请人按照有关法律、行政法规的规定办理。

需要注意的是，如果有关法律和行政法规没有这方面的特别规定怎么办呢？这种情况下，原则上需要按照《政府信息公开条例》办理，必要时可提请全国政府信息公开工作主管部门依法作出相应法规解释予以明确，同时由相应主管部门尽快完善相关规定。

48. 是不是所有被列入不动产登记簿的信息，都一概不公开？

不能这样理解。

不动产登记信息本身，涉及权利人的保护，应当严格按照相应规定进行查询。但是，为了确保不动产登记信息的准确、合法，不动产登记簿需要记载大量其他有关信息，这些信息一般是作为证据性、关联性信息而被登记的，其本身不像不动产登记信息那样需要严格保护。举例而言，不动产登记簿中，包含证明土地权属来源的信息，如土地征收决定等。这类证据性、关联性信息，本身不仅不需要过度保护，反而是应当公示、公告的信息。因此，不能简单地理解和执行《政府信息公开条例》第三十六条以及相应的法律、行政法规有关规定，当然更不能有意滥用相关规定来推脱信息公开责任。

为了更好地把握好这方面的公开边界，相关领域的行政主管部门应当针对这类问题，出台操作规则，这样既有利于申请人更好获取信息，也有利于行政机关自身更规范有序地开展工作，避免不必要的行政争议。比如，自然资源管理部门可以考虑从不动产登记簿记载信息中区分出适用《政府信息公开条例》第三十六条范围的信息，市场监管部门可以考虑从工商登记信息中区分出适用《政府信息公开条例》第三十六条范围的信息，民政部门可以考虑从社团登记信息中区分出适用《政府信息公开条例》第三十六条范围的信息，等等。

49. 申请人以申请政府信息公开的方式查询银行账户信息的，应当如何处理？

参照前述涉不动产登记信息问题的处理方式，即依据《政府信息公开条例》第三十六条第（七）项的规定，告知申请人按照有关法律、行政法规的规定办理。

50. 申请人要求公开非本人的行政复议决定，应当如何处理？

行政复议决定，是行政机关处理行政争议过程中依法作出、直接影响当事人以及相关第三人合法权益、具有相应法律效力的正式决定。行政复议决定应当依法送达当事人，对于当事人而言，不存在是否公开的问题。实践中，曾经出现过行政复议申请人本人申请公开行政复议决定的行为，对于这种明显缺乏合理性的行为，行政机关可以本着便民原则为其重新提供，也可以拒绝重复提供。然而，对于非本人的行政复议决定，能否通过政府信息公开的渠道获取，似乎是一个不够明确的问题。

从《政府信息公开条例》的内在逻辑看，行政复议决定本身，与其他政府信息没有本质区别。申请人申请获取涉及他人的行政复议决定，行政机关应当按照《政府信息公开条例》的规定办理。涉及国家秘密的，依法不予公开；涉及第三方权益保护的，按相应程序处理。

从类似领域的实际做法来看，与行政复议高度相似的，是行政诉讼。目前，有关方面正在按照中央要求大力推进司法公开，原则上所有的行政诉讼裁判文书都对外公开。这一发展趋势，值得人们在考虑行政复议决定公开问题时参考借鉴。

51. 申请人要求公开非本人的行政许可或行政处罚决定，应当如何处理？

行政许可和行政处罚决定，原则上都应当主动对外公开，这也是《行政许可法》《行政处罚法》的明确导向性要求。特别是国务院办公厅印发了《关于全面推行行政执法公示制度执法全过程记录制度重大执法决定法制审核制度的指导意见》,行政许可、行政处罚作为最主要的行政执法行为,原则上都要统一对外公开。

申请人申请公开行政许可或者行政处罚决定的,行政机关应当严格按照《政府信息公开条例》的规定办理。除依法可以不予公开的外,原则上都要公开。

52. 申请人要求公开具体行政行为的过程、依据等信息,应当如何处理?

这是实践中较为常见的政府信息公开申请类型。

对于这类情形,《政府信息公开条例》中有多个条文可以选择适用。比如,这类申请可能涉及第十六条规定的"行政机关在履行行政管理职能过程中形成的讨论记录、过程稿、磋商信函、请示报告等过程性信息",也可能涉及第十六条规定的"行政执法案卷",还可能涉及第三十九条规定的"申请人以政府信息公开申请的形式进行信访、投诉、举报等活动"。行政机关在处理这类政府信息公开申请过程中,可以按照便民原则向申请人提供相应信息,也可以根据具体情形依据相应条款处理。

53. 依申请公开的政府信息,能不能主动公开?

可以。

依申请公开的政府信息，不仅可以主动公开，在现代技术条件下，更要提倡主动公开。行政机关对于决定公开的政府信息，应当首选采取主动公开后告知获取方式和途径的办法公开，原则上不建议采取传统的复印并邮寄的办法公开。

依申请公开和主动公开的区别，不能理解为某些信息只能依申请公开、某些信息应当主动公开，二者井水不犯河水。从本质上来讲，政府信息只有公开和不公开的区别，之所以会出现依申请公开和主动公开两种不同公开方式，主要是因为技术条件的限制。在以印刷为主的年代，主动公开成本太高，依申请公开成本相对低，所以只有那些特别重要的信息才主动公开，不那么重要的信息依申请公开。信息公开法的发展历史上从来不曾有过这样的情形，即某些信息只能让少数人知道，所以采取依申请公开的方式公开；某些信息可以让大家都知道，所以采取主动公开的方式公开。

随着信息化技术的发展，依申请公开和主动公开的成本对比发生了逆转，主动公开的成本更低，所以，对于政府信息公开申请，行政机关研究后认为可以公开的，应当采取成本更低的主动公开方式。

54. 共同制作的信息，非牵头机关能否公开？

对这个问题，要区别不同情况作出回答。

一般情况下，多个行政机关共同制作的信息，在制作过程中就应当明确是否公开、由哪个机关负责公开。实际操作中，一般是由牵头机关对外公开，或者所有机关都对外公开。从实际效果来说，只要有一个机关公开，就达到了公开的效果，至于谁来公开，并不重要。如果制作过程中已经明确不予公开，则任何一个机关都不能公开。因此，一般情况下，共同制作的信息，哪一个机关有权公开或者有责任公开的问题，并没有实质意义。

当有人申请公开共同制作的信息时，无论是牵头机关还是非牵头机关，都应当在征求其他机关意见的基础上，按照《政府信息公开条例》规定作出处理决定。如果相关信息不符合豁免条件，则依法应当公开。因此，在依申请公开程序中，也不存在非牵头机关能否公开共同制作信息的问题。

所谓的“谁制作谁公开”规则，只能有限度地适用于主动公开，不宜适用于依申请公开。行政机关在处理政府信息公开申请时，不能以本机关属于非牵头机关为由不予公开，以避免行政机关的推诿扯皮，这也是绝大多数国家信息公开法的共同选择。

55. 第三方不同意公开的，应当如何处理？

第三方的意见，是行政机关在作出最终决定时的参考因素之一，不具有决定性的效力。无论第三方是否同意公开，都不影响行政机关的最终决定。与之相适应，无论第三方是否同意公开，行政机关所作决定的法律后果，都由行政机关自身承担。

56. 第三方联系不上的，应当如何处理？

并不是凡涉及第三方的申请都必须征求第三方意见。是否需要征求第三方意见，由行政机关根据实际情况具体决定。因此，第三方联系不上的，并不影响行政机关依法作出处理决定。

57. 申请人通过信息公开申请，咨询相关问题的，应当如何处理？

这是实践中很常见的情形。

对于以政府信息公开申请的形式咨询有关问题的，行政机关不能简单地以“属于咨询、不属于政府信息公开申请”为由拒绝。有些司法机关在裁判以及司法文件中明确主张，对这类申请可以直接以“属于咨询、不属于政府信息公开申请”为由拒绝，这不足效法。

当然，对于以政府信息公开申请的形式咨询有关问题的，也不能简单地以信访答复的方式作出解答，因为这毕竟是一个政府信息公开申请，应当以规范的方式作出处理。

首先，行政机关应当与申请人进行沟通，进一步明确申请人的信息需求，引导其进一步规范完善其申请。必要时，应当启动补正程序。

其次，经过沟通或者补正，如果政府信息公开申请的内容明确、形式规范，则按照正常程序办理。

最后，经过沟通或者补正，如果政府信息公开申请的内容依然不明确、形式依然不规范，或者申请人不配合的，可以“内容不明确”为由，作出“无法提供”的决定。当然，在作出“无法提供”处理决定的同时，行政机关应当努力就申请人所关心的问题，予以必要的解释说明。在这种情况下，行政机关的处理决定文书，应当由两部分构成：第一部分是规范的政府信息公开处理决定，第二部分是就申请人所关心问题的解释说明。

58. 申请人要求公开本人投诉、举报事项处理结果的，应当如何处理？

按照相关法律法规的规定，当事人提出投诉、举报的，行政机关应当依法办理，并将办理结果反馈当事人。因此，正常情况下，作为特定投诉、举报法律关系的当事人，一般不存在当事人本人对于投诉、举报事项处理结果不知情的问题。

申请人申请公开本人投诉、举报事项处理结果的，可能涉及两种情形。一种是投诉、举报事项尚未处理完毕，申请人以政府信息公开申请的方式予以督促，对此，可以“政府信息尚未制作完成”为由作出无法提供的决定，如果能确定处理完毕的时间的，也可以“告知获取方式、途径和时间”。另一种是投诉、举报事项已经处理完毕，申请人对处理结果不满意，以政府信息公开申请的方式表达特定意见。对此，可以“申请人已经获取有关政府信息，本机关不再重复提供”为由作出不予处理的决定。当然，也不排除第三种情形，即行政机关对其投诉、举报事项做出了处理，但是没有将处理结果依法反馈给举报人。对于应当向举报人反馈举报结果而没有依法反馈的，可以通过政府信息公开的渠道公开，但是，政府信息公开工作机构应当在向申请人公开的同时，对行政机关负责人提出规范有关工作的意见建议。

59. 申请人要求公开非本机关制作的信息，应当如何处理？

申请人要求公开非本机关制作的信息，行政机关自己能决定的，自行作出决定；自己不能作出决定的，依法征求制作机关的意见，并在此基础上依法作出决定，征求意见所需时间可予以扣除。需要注意的是，制作机关的意见，与第三方意见一样,不是决定性的,也不能作为法定不予公开理由,而只是行政机关综合考虑的因素之一。

在依申请公开法律关系中,政府信息由哪个行政机关制作,并不是一个需要特别考虑的事项,更不构成豁免事由。所谓的“谁制作谁公开”规则,只适用于主动公开,不宜适用于依申请公开。如果适用于依申请公开,其实质是行政机关相互“踢皮球”,世界各国信息公开法中都没有这种规则,我国《政府信息公开条例》也没有将其确立为依申请公开中的豁免事由。

最理想的情况,是行政机关在从其他行政机关处获取相关政府信息时,就明确是否公开的问题。但是,由于我国在政府信息管理方面的立法还有待进一步完善,这个环节还做不到普遍规范。只能退而求其次,在有人提出政府信息公开申请后,再行明确有关问题。明确的方式,不是让申请人向制作机关另行申请,而是行政机关之间相互协商。通过行政机关之间相互协商,解决非本机关制作的政府信息有关问题,这是世界各国信息公开法的通行规则。与之相配套,各国信息公开法还就行政机关之间征求意见的程序和期限计算等问题作出规定。

60. 按照有关规定应当制作但事实上没有制作的政府信息，申请人要求公开的，应当如何处理？

按照有关规定应当制作，但事实上没有制作的政府信息，当申请人提出申请时，行政机关应当如实告知申请人，其所申请的政府信息不存在。不能编造其他理由欺骗申请人，用欺骗行为来掩饰“应制作而未制作”。根据新修订的《政府信息公开条例》，如果行政机关在政府信息公开工作中实施这种不当行为，政府信息公开工作主管部门将予以督促整改或者通报批评，情节严重的，还将针对负有责任的领导人员和直接责任人员，向有权机关依法提出处分建议。

行政机关在如实告知申请人相关政府信息不存在的同时，还要做好两件事情。一是对内，要向行政机关负责人提出相关工作建议，该补充制作的要补充制作，该完善机制的要完善机制。二是对外，要对申请人作必要解释说明，如果后续将补充制作并予以公开的，应当告知申请人获取该政府信息的方式、途径和时间。如果补充制作所需时间较长，可以告知申请人另行提起申请的大致时间。

61. 申请人要求获取的政府信息，因保管不善而无法找到，应当如何处理？

申请人要求获取的政府信息，因保管不善而无法找到，行政机关应当如实告知申请人，其所申请的政府信息不存在。同样不能编造其他理由欺骗申请人，用欺骗行为来掩饰"应存在而不存在"。根据新修订的《政府信息公开条例》，如果行政机关在政府信息公开工作中实施这种不当行为，政府信息公开工作主管部门将予以督促整改或者通报批评，情节严重的，还可能针对负有责任的领导人员和直接责任人员，向有权机关依法提出处分建议。

行政机关在如实告知申请人相关政府信息不存在的同时，还要做好两件事情。一是对内，要向行政机关负责人提出相关工作建议，该补充制作的要补充制作，该完善机制的要完善机制。二是对外，要对申请人做必要解释说明，如果后续将补充制作并予以公开的，应当告知申请人获取该政府信息的方式、途径和时间。如果补充制作所需时间较长，可以告知申请人另行提起申请的大致时间。

62. 申请人反复多次提交政府信息公开申请的，应当如何处理？

对于内容重复的申请，行政机关已经处理过的，可以告知不予处理。

对于内容不同的申请，如果数量频次超过合理限度的，行政机关也可以告知不予处理。由于《政府信息公开条例》没有明确合理限度的认定标准，实践中可能会存在一定争议。这个问题，有待后续进一步明确政策界限。

需要注意的是，申请人反复多次提交政府信息公开申请的行为，成因十分复杂，往往是其他矛盾通过政府信息公开渠道表现出来了。因此，对于这个问题，不能简单化看待，更不能简单化处理。主张直接限制这部分人的合法权益、不处理其政府信息公开申请、不受理其提起的行政复议或者行政诉讼，过于简单粗暴，有违法治精神。即便是立法上明确，特定时间内超过特定数量的政府信息公开申请可以不予处理，行政机关也应当对申请人作出不予处理的决定，申请人也享有必要的救济权，当然，救济的具体方式可以灵活确定。一些国家的信息公开法上有一个制度叫默示拒绝，法律授权行政机关对于特定政府信息公开申请，可以不予处理。但是，这种不予处理，在法律上属于默示拒绝，申请人依然享有救济权，可以寻求司法救济。实践中，面对大量、多次、反复申请，绝大多数行政机关还是在认真地依法办理，这种认真负责的态度值得肯定。

63. 政府的特定职能由相关部门具体履行，申请人向政府提交政府信息公开申请，政府能否要求申请人向相关部门另行申请？

这涉及政府和相关部门的关系问题。实践中，这一问题主要存在于征地审批、拆迁安置等少数领域，不是普遍性问题。

对于这种情况，政府可以委托相关部门对申请人的申请作出处理，但是要对该委托行为承担相应的法律责任。换言之，如果申请人对相关部门的处理决定不服，政府是被告，且败诉后果由政府承担。

如果政府直接以相关事项由相关部门处理为由，作出拒绝决定，或者告知申请人另行向有关部门提出政府信息公开申请，缺乏明确的法律依据，可能承担败诉的法律后果。

64. 条例实施以前的政府信息，能否以“法不溯及既往”为由拒绝公开？

不能。

首先，“法不溯及既往”是法律效力判断规则，不能直接作为行政机关的执法依据。

其次，所谓的“法不溯及既往”，指向的是政府信息公开行为，而不是政府信息本身。举个简单的例子，我们脚下的土地，距今已经不知道存在了多少年，但是从来没有人认为《土地管理法》管不了这些土地，原因就在于，《土地管理法》适用的不是土地本身，而是人们对于土地的开发利用行为。再如，很多人都出生于《刑法》颁布实施之前，但大家都很清楚地知道，没有人不受《刑法》约束。

政府信息公开实践中，确实有很多人在这个问题上存在认识误区，甚至一些专家也主张过这种观点。对此，要客观看待，专家也会说外行话，有些专家甚至经常说外行话。这在政府信息公开领域是个很突出的问题，但却不是《政府信息公开条例》本身所能解决的问题。

65. 其他法律法规对相关信息公开已作规定的，能否以“特别法优于一般法”为由拒绝公开?

不能。

首先，与“法不溯及既往”规则一样，所谓的“特别法优于一般法”，是法律效力判断规则，不能直接作为行政机关的执法依据。

其次，所谓的“特别法优于一般法”，在《立法法》上有着严格的限定适用条件。《立法法》第九十二条规定，“同一机关制定的法律、行政法规、地方性法规、自治条例和单行条例、规章，特别规定与一般规定不一致的，适用特别规定”。根据这一规定，特别法优于一般法的规则适用，有两个限制条件：一是必须是同一机关制定的法律行政法规；二是必须构成特别法与一般法的关系。因此，不能望文生义，看到其他法律和行政法规规定了公开，就想当然地认为构成特别法和一般法的关系。比如，不能因为《行政复议法》规定了案卷查阅权，就认为《行政复议法》属于政府信息公开的特别法。应当说，多数情况下，其他法律和行政法规与《政府信息公开条例》的关系，都不构成特别法和一般法的关系。正因如此，《政府信息公开条例》针对其他法律和行政法规有关公开的规定，确立了专门的处理规则。

66. 政府信息不存在的情况下，如何证明已尽到了应有的查找责任？

政府信息不存在的，行政机关不需要作出任何证明，实际上，作为一种客观事实，政府信息不存在，本身也无法证明。当然，如果政府信息事实上存在，而行政机关故意欺骗申请人，这属于严重的不当行为，相关人员可能构成违纪甚至违法，将承担相应法律责任。通过纪律和责任约束，保证行政机关尽到应有的查找责任，是正常的机制，也是各个国家信息公开实践中的共同做法。对待这一问题，不能本末倒置，对故意欺骗行为不以为意，而把着眼点放在所谓的查找责任证明上来。

实践中，一些判例中较为强调所谓的“检索义务”。应当说，所谓的“检索义务”，是以纸质信息为主流的时代背景下的历史遗迹，与之相配套的是信息公开收费中的“检索费”。“检索义务”以及“检索费”的核心含义是，不同级别的官员去相应等级的库房查找政府信息，将收取不同的费用。如果行政机关主张信息不存在，最起码需要经过一定级别的人检索过相应等级的库房。时至今日，随着信息技术的发展以及政府信息存储方式和管理方式的进步，绝大多数国家信息公开法都已经没有关于“检索义务”的规定了。与之相适应,所谓的"检索费"也没有了。那些特别热衷于主张"检索义务"和"检索费"的人,实际上并不了解这两个概念。

67. 申请人要求公开的信息,数量太多无法在法定期限内处理完,应当如何处理?

修订前的《政府信息公开条例》,在期限和答复方式方面的规定较为简略,难以处理这种情形,以至于实践中出现过这样一种情形:因政府信息数量太多,无法在法定期限内整理好向申请人公开,为避免超期违法,"被迫拒绝公开"。这当然是不应该出现的现象。

新修订的《政府信息公开条例》,针对这个问题作了专门性规定,且有多个选择。行政机关既可以依据第三十五条的规定,确定延迟答复的合理期限并告知申请人,又可以依据第三十六条的规定,告知申请人获取该政府信息的方式、途径和时间,也就是在法定期限之外,确定一个合理的时间,向申请人提供信息。

68. 行政机关能不能援引司法解释、司法文件等作为依据?

不能。

司法解释、司法文件,规范的是司法行为,而不是行政行为。行政机关如果将司法解释、司法文件作为行政行为依据,属于明显的依据不适当,可能构成行为违法。

当然,对于涉及政府信息公开内容的司法解释、司法文件,行政机关在有关工作中可以予以关注,并作为决策参考因素之一,但是不能作为直接的行为依据。

69. 申请人拒绝接收政府信息公开申请处理决定,该如何办理?

申请人拒绝接收政府信息公开申请处理决定,实践中并不少见。《民事诉讼法》等相关法律对此有着完备的规定,《政府信息公开条例》虽然没有这方面的规定,但是可以参照相关法律的规定办理。

政府信息公开申请处理决定的送达方式,有当面送达、委托送达和邮寄送达三种。邮寄送达的,如果申请人拒绝签收,行政机关直接将邮政部门退回的邮件存档备查即可。当面送达和委托送达的,行政机关应当要求申请人签收送达回执。如果申请人拒绝签收的,可改为邮寄送达,也可以由负责送达工作人员如实记录并存档备查。在这种情况下,一般应当有两名工作人员共同签名。

70. 向申请人直接提供政府信息，申请人拒绝接收怎么办？

对于内容较为简单的政府信息公开申请，行政机关可以当场答复。当场答复的方式，往往是以提供政府信息这一事实行为代替正式的处理决定。换言之，行政机关认为可以现场向申请人提供政府信息的，可以直接向其提供。这相当于一种简便的政府信息公开处理程序。

如果申请人拒绝接收向其直接提供的政府信息，行政机关应当放弃简便的处理程序，转为正式的处理程序，即严格按要求对其申请进行登记、办理、作出决定、送达等。

71. 行政机关与司法机关对是否适用豁免条款发生分歧时怎么办？

适用豁免条款，特别是那些以公开后可能造成相应损害后果为豁免条件的条款，存在分歧几乎是不可避免的。不仅我国的《政府信息公开条例》如此，世界各国的信息公开法也都如此。这是信息公开法律制度还很年轻、发展尚不完备的表现，是其内在矛盾之一。据此而言，分歧只能努力减少，但不可避免。

减少分歧，需要行政机关和司法机关共同努力。行政机关应当深刻把握豁免条款的内涵和外延，审慎权衡实际情况，以更大的公开尺度减少豁免条款的适用。司法机关应当恪守据法裁判的基本边界，准确理解法律，避免将严肃的司法裁判变成自由的学术探讨，专注于合法性审查，审慎对待合理性审查。

减少分歧，还需要政府信息公开工作主管部门发挥更大作用。各级政府信息公开工作主管部门应当深入调查研究，准确掌握法规政策，全面了解实际情况，在此基础上加大工作指导力度，统一执法尺度，不断规范政府信息公开工作。

72. 法定的政府信息公开处理决定类型有哪些？

《政府信息公开条例》在立法上确立了五种实体处理决定类型和五种程序处理决定类型，其中，每种实体处理决定类型下面又分为若干种类型，可以组合成几十种具体类型。

（1）五种实体处理决定类型

①予以公开

一是告知获取方式和途径。申请人所申请的政府信息已经主动公开的，行政机关可以告知获取方式和途径。二是向申请人提供政府信息，以提供政府信息的事实行为，替代书面的予以公开决定。三是告知申请人获取该政府信息的方式、途径和时间。

②不予公开

一是构成国家秘密。二是法律、行政法规禁止公开。三是公开后可能危及国家安全、公共安全、经济安全、社会稳定。四是涉及商业秘密、个人隐私等,公开后会对第三方合法权益造成损害。五是纯属人事管理、后勤管理、工作规范这三类内部事务信息。六是行政机关在履行行政管理职能过程中形成的讨论记录、过程稿、磋商信函、请示报告这四类过程性信息。七是行政执法案卷。八是工商登记资料、不动产登记资料等其他法律或行政法规规定了专门查询办法的信息。

③部分公开、部分不予公开

三种予以公开的具体类型,与八种不予公开的具体类型,可以组合成二十四种相应的具体类型。

④无法提供

一是本机关不掌握相关政府信息。二是申请人所申请的政府信息,需要本机关专门汇总、分析、加工整理的,或者需要本机关专门另行制作。三是行政机关告知申请人补正,补正后重新提交的申请内容仍不明确。

⑤不予处理

一是以政府信息公开申请的形式提出信访、举报、投诉等诉求。二是申请人就行政机关已经依法处理过的申请内容,向同一行政机关重复提起内容相同或相近信息公开申请。三是要求行政机关提供政府公报、报纸、杂志、书籍等公开出版物。四是申请人申请公开政府信息的数量、频次明显超过合理范围且无法提供合理理由。五是申请人已经通过其他渠道获取,要求行政机关进行确认或重新出具。

(2)若干程序处理类型

一是补正处理。二是征求第三方意见处理。三是公开后告知第三方处理。四是延期处理。五是征求其他机关意见处理。

政府信息公开处理决定类型化的实际意义,既在于其规范性,也在于其排他性。所谓排他性,即法定处理决定类型之外,行政机关不得自行创造新的处理决定类型,不宜再以“不属于条例调整范围”“属于政策咨询”“不属于政府信息”等理由或者方式作出处理决定。

73. 法定答复理由有哪些?

法定答复理由,就是行政机关在作出处理决定时可以作为法律依据引用的《政府信息公开条例》中的条款,分为两部分。一部分是豁免条款,另一部分是豁免条款以外的处理依据。合计十七项。

(1)豁免条款,共八条

一是第十四条中的国家秘密条款。

二是第十四条中的安全稳定条款

三是第十四条中的经济安全条款。

四是第十五条中的第三方权益保护条款。

五是第十六条第一款中的内部事务信息条款。

六是第十六条第二款中的过程性信息条款。

七是第十六条第二款中的执法案卷条款。

八是因技术性原因规定在第三十六条第(七)项中的行政查询事项条款。

(2)豁免条款以外的处理依据,共九条

一是第三十五条,适用于申请数量、频次明显超过合理范围且无法提供合理理由的情形。

二是第三十六条第(四)项,适用于政府信息不存在的情形。

三是第三十六条第(五)项,适用于本机关不掌握、其他行政机关掌握的情形。

四是第三十六条第(六)项,适用于重复提起内容相同或相近信息公开申请的情形。

五是第三十八条,适用于没有现成的政府信息可以提供,需要进行加工、分析的情形。

六是第三十九条第一款,适用于以政府信息公开申请的形式提出与政府信息公开无关的其他诉求的情形。

七是第三十九条第二款,适用于要求行政机关提供政府公报等公开出版物的情形。

除以上七个法律条文依据外，还有两个基于事实的处理依据。

一是经补正后申请内容仍不明确的事实。

二是申请人已经通过其他渠道获取，要求行政机关进行确认或重新出具的事实。

法定处理决定类型，与法定答复理由的配合，可以整理为如下的表格：

<table>
<tr><td rowspan="15">实体处理</td><td rowspan="3">(1)予以公开</td><td>①已经公开的，告知获取方式和途径[第三十六条第(一)项]</td></tr>
<tr><td>②向申请人提供政府信息的事实行为，替代书面的予以公开决定[第三十六条第(二)项]</td></tr>
<tr><td>③暂未公开但可以公开的，告知获取方式、途径和时间[第三十六条第(二)项]</td></tr>
<tr><td rowspan="8">(2)不予公开</td><td>①国家秘密类豁免(第十四条)</td></tr>
<tr><td>②法律、行政法规禁止类豁免(第十四条)</td></tr>
<tr><td>③“三安全一稳定”类豁免(第十四条)</td></tr>
<tr><td>④第三方合法权益保护类豁免(第十五条)</td></tr>
<tr><td>⑤三类内部事务信息(第十六条第一款)</td></tr>
<tr><td>⑥四类过程性信息(第十六条第二款)</td></tr>
<tr><td>⑦行政执法案卷(第十六条第二款)</td></tr>
<tr><td>⑧行政查询事项[第三十六条第(七)项]</td></tr>
<tr><td colspan="2">(3)部分公开部分不予公开</td></tr>
<tr><td rowspan="2">(4)无法提供</td><td>①本机关不掌握相关政府信息[第三十六条第(四)项或第(五)项]</td></tr>
<tr><td>②没有现成信息需要另行加工、分析(第三十八条)</td></tr>
</table>

续表

<table>
<tr><td rowspan="6"></td><td></td><td>③补正后申请内容仍不明确(事实判断)</td></tr>
<tr><td rowspan="5">(5)不予处理</td><td>①信访、举报、投诉诉求类申请(第三十九条第一款)</td></tr>
<tr><td>②重复申请[第三十六条第(六)项]</td></tr>
<tr><td>③要求提供公开出版物(第三十九条第二款)</td></tr>
<tr><td>④无正当理由大量反复申请(第三十五条)</td></tr>
<tr><td>⑤要求行政机关确认或重新出具已获取信息(事实判断)</td></tr>
<tr><td rowspan="5">程序处理</td><td colspan="2">(1)补正处理(第三十条)</td></tr>
<tr><td colspan="2">(2)征求第三方意见处理(第三十二条)</td></tr>
<tr><td colspan="2">(3)公开后告知第三方处理(第三十二条)</td></tr>
<tr><td colspan="2">(4)延期处理(第三十三条)</td></tr>
<tr><td colspan="2">(5)征求其他机关意见处理(第三十四条)</td></tr>
</table>

74. 办公厅(室)能不能以自己的名义对外作出答复?

可以。

办公厅(室),是行政机关的日常办事机构。其行为代表行政机关,并由行政机关承担相应法律后果。因此,办公厅(室)可以以自己的名义对外作出政府信息公开处理决定,该处理决定在法律上视同行政机关的处理决定。

75. 其他内设机构能不能以自己的名义对外作出答复?

不能。

一般情况下，除办公厅（室）外，行政机关的其他内设机构，不能以自己的名义对外作出政府信息公开处理决定。否则，可能因主体不适格问题，被司法机关和行政复议机关撤销处理决定或确认违法。

需要注意的是，当行政机关内设机构以自己的名义对外作出一个处理决定时，如果申请人没有提出异议，但行政机关基于自身的利益考虑，以主体不适格为由否认该处理决定的法律效力，则需要根据具体情况加以判断，一般不能因此导致不利于相对人的法律后果。也就是说，在这种情况下，行政机关仍应当对其内设机构的决定承担相应责任。

76. 告知行为是否可诉？

告知，在法律上原本是一个专门性概念，一般指行政程序过程中作出的程序性处理决定。例如，政府信息公开中的补正决定，就属于典型的告知。这种过程中作出的程序性处理决定，由于不是最终处理决定，并不会对相对人的权益形成实质性影响，一般不需要予以救济，因此不可诉。

但是，在政府信息公开制度和实践中，告知这个概念的使用，相对较为灵活。有时候它被按照本义用作程序性处理决定，如补正告知、延期告知等，但有时候也被用作最终处理决定，如不予公开告知。很显然，当告知被用作最终处理决定时，它实际上是一种实体性处理决定，是可诉的。

总之，从规范的意义上来讲，告知不可诉。但是，由于实践中对告知概念的使用并不十分规范，因此不能简单地判断告知是否可诉，而要看其究竟用来指代什么内容。一般原则是，指代程序性处理行为的不可诉，指代最终处理决定的可诉。

77. 补正行为与征求第三方意见行为，是否可诉？

补正行为与征求第三方意见行为，都属于行政程序过程中作出的程序性处理决定，按照有关法律规定，是不可诉的。

78. 政府信息公开处理决定，应当加盖什么印章？

一般情况下，以下三种印章都是符合要求的：一是行政机关的章，二是行政机关的政府信息公开专用章，三是行政机关办公厅（室）的章，或者行政机关政府信息公开工作专门机构的章，如“政府信息公开办公室”，但是，临时机构或议事协调机构，如“政务公开领导小组办公室”的章，一般不能用在政府信息公开处理决定上。

79. 实行垂直管理的系统，是否应当接受同级政府信息公开工作主管部门的领导？

新修订的《政府信息公开条例》已经对此作出明确规定，“实行垂直领导的部门的办公厅（室）主管本系统的政府信息公开工作”，同级政府的政府信息公开工作主管部门，不领导实行垂直领导的行政机关的政府信息公开工作。当然，这不是说二者从此“老死不相往来”，恰恰相反，因为其不存在隶属关系，更有必要加强工作沟通与配合。

80. 申请人向非垂直管理的上级部门提出投诉、举报事项，是否需要处理？

可以作出处理。

非垂直管理的上级部门与下级行政机关之间，虽然不存在政府信息公开上的管辖关系，但是，存在上下级业务指导关系，上级部门可以就包括政府信息公开在内的业务事项进行指导。在《行政复议法》上，上级部门依法享有对下级行政机关的行政复议管辖权。

81. 申请人的投诉、举报，应当如何处理？

投诉、举报与行政复议、行政诉讼不同，行政复议、行政诉讼有专门的法律作为依据，投诉、举报没有专门的法律作为依据。因此，投诉、举报应当如何处理，没有统一的要求，具体要看相关的法律、法规、规章等如何规定。

《政府信息公开条例》没有对投诉、举报的处理作出专门规定，因此对于申请人有关政府信息公开的投诉、举报，相关部门没有法定的强制性处理要求，只需要根据实际情况具体处理。原则上，相关部门应当按照“件件有回音”的要求及时予以处理。

82. 申请人越级投诉、举报，应当如何处理？

投诉、举报的层级，原则上遵循下管一级的要求。如果越级投诉、举报，由于收到投诉、举报的部门并不真正了解情况，难以作出处理。上一级机关对于下一级机关的情况，相对比较了解，是最适合的处理机关。正因如此，新修订的《政府信息公开条例》将投诉、举报的层级明确限定为“上一级”。对于越级投诉、举报，原则上应严格按照《政府信息公开条例》的规定，不予办理。应当指出，这不是漠视群众诉求，而是避免对越级投诉、举报行为形成反向激励。群众诉求只有依法表达才能得到更好的维护。

83. 申请人对投诉、举报不服，能否进一步提起行政复议或者行政诉讼？

投诉、举报处理行为本身，不能被提起行政复议或者行政诉讼。

对于投诉、举报所针对的政府信息公开处理行为，如果没有超过法定的行政复议或者行政诉讼期限，可以提起行政复议或者行政诉讼；如果超过了法定期限，行政复议机关或者司法机关将不予受理。

需要提示注意的是，除非相关法律或者行政法规有特别规定，投诉、举报所耗费的时间是不能从行政复议或者行政诉讼法定期限中扣除的。《政府信息公开条例》没有这方面的特别规定，因此，政府信息公开投诉、举报处理时间，不能从行政复议或者行政诉讼法定期限中扣除。

84. 因行政复议而作为共同被告的政府信息公开诉讼案件，是否需要纳入政府信息公开工作年度报告中的相关项目？

不需要。

法定的政府信息公开工作年度报告事项，是“因政府信息公开工作被申请行政复议、提起行政诉讼的情况”。因行政复议行为被列为共同被告的，作出原政府信息公开处理决定的行政机关应当报告这一类案件，但是行政复议机关不需要在其年度报告中报告这一类案件。就此问题，全国政府信息公开工作主管部门曾发布过一个法规解释性文件（国办公开办函〔2016〕201号）予以明确。

85. 申请人通过政府信息公开渠道获取相关政府信息的，能否以获取该政府信息之日，作为行政复议和行政诉讼上的“知道该行政行为之日”？

不能。

从逻辑的角度看，通过政府信息公开渠道获取相关政府信息，只能证明最晚从获取之日起申请人“知道该行政行为”，而不能证明此前其不知道该行政行为。

86.《政府信息公开条例》所适用的行政机关，具体包括哪些单位？

由于我国没有制定“行政程序法”，因此行政机关是一个并不确定的概念。实践中，行政机关涉及的机构类型多种多样。原《政府信息公开条例》执行过程中,所适用的行政机关究竟包括哪些单位,并不十分明确。

针对这一问题,新修订的《政府信息公开条例》在第二十七条为行政机关确立了“行政性、外部性、独立性”的三要素标准。同时具备这三个要素的行政机关,才是《政府信息公开条例》的适用对象。下一步,各级政府信息公开工作主管部门需要根据这个三要素标准,结合年度报告统一发布,进一步明确本级政府适用《政府信息公开条例》的行政机关范围。

需要特别指出的是,那些在党的机关加挂牌子的单位,以自己的名义独立对外履行法定行政管理职能时,一般视为行政机关,符合三要素标准的,也属于《政府信息公开条例》适用对象。在具体执行过程中,要充分考虑合署办公的实际情况,处理好党务公开与政府信息公开的衔接,作出符合其实际情况的相应制度安排。这方面,全国政府信息公开工作主管部门已经发布了一个专门的法规解释性文件(国办公开办函〔2019〕51 号)。

87. 法律、法规授权的具有管理公共事务职能的组织有哪些?

这是一个难以确切回答的问题。

截至 2018 年 11 月,我国现行有效的法律 269 部,行政法规 755 部，地方性法规若干。这么多的法律、法规，究竟授权了多少组织履行管理公共事务职能，目前还没有确切的统计。由于对行政组织法的研究还不够，学术界在这方面也没有明确的研究结论。

各级政府信息公开工作主管部门，应当全面梳理本级政府信息公开义务主体，包括行政机关和法律、法规授权组织，并以适当方式向社会发布本级政府信息公开义务主体名单。发布方式上，可以参考一些国家的做法，与政府信息公开工作年度报告统一发布结合起来。

由于法律、法规数量多，涉及面很宽，政府信息公开工作主管部门发布的本级政府信息公开义务主体名单可能存在遗漏，这没有关系。如果有人提出来，某单位应当属于法律法规授权的组织，政府信息公开工作主管部门经过研究后，发现确实存在遗漏的，补充纳入即可。各级政府信息公开工作主管部门要避免一种错误的思维惯性，即因担心挂一漏万，就索性不去整理这个名单。即便存在遗漏，即便社会舆论可能会以偏概全批评这种遗漏，也要去做相应的工作。不怕工作存在纰漏，就怕因为怕出纰漏而不去做应该做的工作。

88. 公共企事业单位不再参照适用《政府信息公开条例》，是不是意味着他们不再承担信息公开义务了？

不是。恰恰相反，公共企事业单位的信息公开义务将被更好地落到实处。

公共企事业单位参照适用《政府信息公开条例》，出发点是好的。但是，实践中不具有可操作性。最关键的问题在于，公共企事业单位一般不能作为行政复议的被申请人和行政诉讼的被告，这就意味着，公共企事业单位所承担的法律义务，无法真正落到实处。查阅裁判文书库，公共企事业单位作为政府信息公开案件被告并且被判决败诉的案件，十分罕见，即便有，也不能完全肯定其判决是否正确。

基于正反两方面的经验教训，人们认识到，公共企事业单位的信息公开义务，不适宜通过参照适用《政府信息公开条例》的方式落实，而应当将其作为行政监管事项，由相关行政管理部门依法确定公开要求并监督其落实，不公开的予以行政处罚。典型的公共企事业单位信息公开模式，是上市公司信息披露，由证券监管部门监督其落实。与之相类似，民政部已经发布了《慈善组织信息公开办法》。未来，包括教育、医疗、供水、供电等领域的公共企事业信息公开规定，还将陆续出台。

89.《政府信息公开条例》是干什么的?

《政府信息公开条例》,是调整政府信息公开法律关系、规范政府信息公开行为、保障公众知情权、赋予行政机关公开义务的行政法规。

《政府信息公开条例》,首先是一部法规。从法理上讲,法的作用范围是有限的而不是无限的。法的作用,主要在于对人们的行为所产生的指引、预测和评价作用。

《政府信息公开条例》,属于法律中的行政法门类。行政法,调整的是行政法律关系,规范的是行政行为。《政府信息公开条例》,属于行政法门类中的行政程序法。也就是说,它主要的作用是解决行政程序方面的问题。行政法中还有行政组织法,主要解决行政组织的问题;还有行政行为法,如行政处罚法、行政强制法等,主要解决特定行政行为的规范问题。

因此,《政府信息公开条例》是我国行政程序法中的一个组成部分,其功能作用,限于调整政府信息公开法律关系、规范政府信息公开行为、保护公众知情权、赋予行政机关公开义务。对此,要客观看待,既不能忽视,认为它可有可无,也不能泛化,认为有了它就可以大幅推进依法行政或实现其他更多、更高的目标,而是要在正确认识的基础上,发挥好它应有的作用。

90. 为什么不将《政府信息公开条例》上升为法律?

法律和行政法规,都是我国法律体系的基本组成部分。法律和行政法规的区别,主要在于制定主体、制定程序等方面。当法律和行政法规对同一个事项作出了相互冲突的规定时,才需要考虑效力高低的问题,在这种情况下,效力低的应当予以废止,不能并存。

现行有效的法律和行政法规,在其适用范围内均是合法有效的。绝不能认为,法律的规定效力高一些,因此要严格执行,而行政法规的规定效力低一些,因此可以马马虎虎执行。法律和行政法规,都是广义的法,都是国家意志的体现,都必须严格执行。

《政府信息公开条例》,调整的是行政机关的政府信息公开行为。对于行政机关而言,《政府信息公开条例》与“政府信息公开法”,并没有本质上的区别,都应当严格执行。对于社会公众而言,无论是《政府信息公开条例》,还是“政府信息公开法”,如果内容相同、只是形式不同,那也没有本质上的区别。从这个意义上讲,将《政府信息公开条例》上升为法律,并没有很强的现实必要性。

当然,也不能据此认为就不应该制定“政府信息公开法”。如果由全国人大及其常委会制定“政府信息公开法”,当然也是好的。只不过,不能形式主义地认为,只有将《政府信息公开条例》上升为“政府信息公开法”,才能体现民主法治的进步。

91. 为什么不制定政务公开法?

这个问题的另一面是,为什么要制定政务公开法?

如果是从概念辨析的角度来考虑这个问题,那么答案可能是:当年使用“政府信息公开条例”这个概念,也许带有一定偶然性。如果当时使用的是“政务公开条例”,可能就不会出现政务公开与政府信息公开两个概念多年的纠缠不清。至于政务公开条例与政务公开法的区别,则如同《政府信息公开条例》与“政府信息公开法”的区别一样,并不具有实质性的现实意义。

如果是从适用主体范围的角度来考虑这个问题,那么答案可能是:虽然理论上政务公开法可以适用于更多的主体,但是,纵观世界各国信息公开法的适用主体范围,绝大多数限于行政机关。更何况,我国已经有了《中国共产党党务公开条例(试行)》,司法公开、民主立法等也在深入推进。统一的政务公开法,是不是一定就比现在的格局更好,恐怕也不尽然。

如果是从制度内涵的角度来考虑这个问题，那么答案可能是：无论是政务公开法、政府信息公开条例还是政府信息公开法，都只能对信息公开事项作出规定，而不能包括数据开放等其他内容。从目前世界各国相关实践探索来看，数据开放法律关系与信息公开法律关系，有着质的区别，需要单独立法，不可混为一谈。

92. 为什么取消“三需要”的规定？

所谓“三需要”，是指原《政府信息公开条例》第十三条的规定：“……公民、法人或者其他组织还可以根据自身生产、生活、科研等特殊需要，向国务院部门、地方各级人民政府及县级以上地方人民政府部门申请获取相关政府信息。”实践中，这一规定被理解为申请人资格条件的限制，由此，“不符合三需要”一度成为拒绝公开的理由。

从立法原意来看，据考证，这一规定最初并没有对申请人资格条件进行限定的意图。

从立法语言来看，“生产、生活、科研”三个方面，再加上一个“等”字，基本涵盖了方方面面，体现出的立法原意是尽可能宽泛列举，而不是明确限定。从实际操作来看，由于“三需要”的内涵过于宽泛，以此作为拒绝公开的理由，不可避免地会引发行政争议，事实上也确实引发了大量行政争议。

从问题源头来看,“三需要”之所以被解读为资格条件限制,主要是因为原《政府信息公开条例》对豁免条款规定的缺失以及少数司法机关一定程度上的机械司法倾向,行政机关不得不寻找各种拒绝公开的理由。不符合“三需要”、非政府信息、不属于公开范围、不属于条例调整对象等种种理由由此出现。

因此,取消“三需要”的规定,是为了正本清源。这并不意味着取消门槛,因为这个门槛本来就不存在,也不应该存在。

93. 负面清单与豁免条款是什么关系?

负面清单,应当理解为《政府信息公开条例》中的豁免条款。

由于负面清单具有外部效力,且属于可以反复适用的制度性依据,负面清单的编制和运用,并不是单个行政机关的权限,也不是单个行政机关可以胜任的工作。从近些年实践探索的情况以及世界各国信息公开立法与实践情况看,负面清单不宜理解为各行政机关自行编制的清单,而应当统一于《政府信息公开条例》的豁免条款。

94. 主动公开基本目录与条例规定的主动公开内容是什么关系?

是包含与被包含关系。

主动公开基本目录,要解决的是公开什么的问题。由于行政机关所持有的信息浩如烟海,不可能不加区分地全部公开。只有那些重要的、有一定价值的信息,才需要公开。这其中,特别重要、特别有价值的信息,《政府信息公开条例》将其列入法定的主动公开内容。除法定内容外,各行政机关还可以根据自身实际情况,确定有必要公开的其他重点内容。

因此,主动公开目录,包括《政府信息公开条例》规定的法定主动公开内容,还包括各行政机关需要公开的其他重点内容。

95. 主动公开和依申请公开是什么关系?

主动公开和依申请公开,在《政府信息公开条例》中被规定为两种不同公开方式,由此对应着两个相对独立的制度体系。

主动公开,并不是通常所理解的行政机关主动对外公开信息，这种理解过于日常化了。如果按照这种理解，主动公开与《政府信息公开条例》没什么关系，从古至今，政府都在主动公开信息。更准确的理解是，主动公开是指特定的内容通过特定的途径公开，如果不公开将产生特定的法律后果。“特定”二字，是主动公开的核心要义。没有“特定”二字，就不是法律意义上的主动公开。

依申请公开，某种程度上是一个“名不副实”的概念，因为有了政府信息公开申请，行政机关未必就会公开信息。所谓的依申请公开，既包括公开的结果，也包括不公开的结果。依申请公开，主要是指一套程序规范，涵盖政府信息公开申请的提出、接收、办理、决定、送达等整个流程。

依申请公开与主动公开的法律意义完全不同。主动公开是面向不特定多数人的、特定信息的公开；依申请公开是面向个别申请人的、无法事先确定相应信息的公开。主动公开的核心，在于内容；依申请公开的核心，在于行政机关与申请人互动过程的程序规范。主动公开的关键是公开特定信息；依申请公开的关键是依法处理申请人的申请，最终处理结果，可能是公开，也可能是不公开，无论是否公开，都要依法给申请人一个说法。从这个意义上来讲，依申请公开制度体现的是“既尽力而为，又量力而行”的重要思想，它要求的是行政机关认真对待、规范办理申请人的申请，但不能保证所有需求都能得到满足。

96. 政府信息公开与政务公开是什么关系?

政务公开不是一个法定概念,也没有专门的政务公开法。因此,什么是政务公开的问题,其实并没有权威的答案。政府信息公开则不同,因为有《政府信息公开条例》作为依据,什么是政府信息公开的问题,有法定的权威答案。

从我国政府信息公开与政务公开工作实践来看,政务公开工作内容更广泛一些,因此可以认为,政府信息公开是政务公开的重要组成部分,政务公开包含政府信息公开。

97. 政府信息公开与数据开放是什么关系?

二者是并行关系。

政府信息公开与数据开放,经常被同时提起,甚至被混为一谈,但是,二者在指导思想、基本原则、基本假设、规制手段等方面都大不相同。比如,二者对行政机关主动作为的要求不同,政府信息公开一般不要求行政机关主动制作、加工、汇总、整理信息以对外公开,而是以信息的客观状态为限;数据开放则要求行政机关主动地制作、保存、整理相应的数据库以对外开放。又如,政府信息公开一般以免费为原则,超过合理程度的才收取最低限的成本费用;数据开放在收费方面，没有这种限定，可以以收费为原则。再如，行政机关对于所公开信息的真实准确，一般不负相应的责任，有些国家的信息公开法甚至明确排除了行政机关对所公开信息真实准确的责任；但是，对于数据开放而言，所开放数据的真实准确却是基本要求，行政机关有责任采取措施保证所开放数据的真实准确。等等。

目前，其他国家已经出台或者正在推进的数据开放立法，都独立于该国的信息公开法。我国在数据开放方面，已经有了一个初步的制度安排，即中央网信办、发展改革委、工业和信息化部联合印发的《公共信息资源开放试点工作方案》。根据试点情况，未来可能会出台专门的文件，或者出台相应的法律法规规章等，可以确定的是，其将独立于《政府信息公开条例》。实践中，一些地方探索出台了数据开放方面的规章，也独立于政府信息公开制度，如《重庆市政务信息资源共享开放管理办法》第四十三条第三款明确规定，“政务部门的政府信息公开按照《中华人民共和国政府信息公开条例》等法律法规执行，不适用本办法”。

98.《政府信息公开条例》与《保守国家秘密法》是什么关系？

二者是密切相关的关系。

《保守国家秘密法》调整的是保密法律关系，其主体内容是定密权的设定、定密程序、国家秘密保护等。《政府信息公开条例》调整的是信息公开法律关系，其主体内容是信息公开的主体、客体、范围、程序、工作机构等。

处理好《保守国家秘密法》与《政府信息公开条例》的关系，关键在于把握好两个方面。一是从《政府信息公开条例》的角度而言，明确其不承担保密的责任。行政机关在执行《政府信息公开条例》的过程中，主要承担公开的责任，而不承担保密的责任，具体到《政府信息公开条例》的规定中，就是只对不公开行为追责，而不对公开行为追责。二是从《保守国家秘密法》的角度而言，应当确立公开优先的制度导向，这方面，《保守国家秘密法》在2010年的修订中已经作了专门的制度安排。修订后的《保守国家秘密法》新增了第十五条第四款规定："机关、单位在决定和处理有关事项工作过程中确定需要保密的事项，根据工作需要决定公开的，正式公布时即视为解密。"这就鲜明体现了公开优先的制度导向。

99.《政府信息公开条例》与《档案法》是什么关系？

二者是密切相关的关系。

《档案法》调整的是档案法律关系，其主体内容是档案管理机构的设置、职责与权限、档案查询办法等。《政府信息公开条例》调整的法律关系，前文已述。

处理好《档案法》与《政府信息公开条例》的关系，关键在于把握好两个方面。一是从《政府信息公开条例》的角度而言，要确立起完善的衔接机制，行政机关要对移交档案馆的信息制作目录并对外公布，在对外公布的目录范围外，不再承担信息公开的责任，公众需要获取已经移交档案馆的信息的，应当依据《档案法》的规定办理。此外，需要附带明确的是，本机关档案机构保管的信息，不能视为移交档案馆的信息，依然应当被视为本机关保管的信息。二是从《档案法》的角度而言，主要是要严格执法，规范行政机关档案移交行为，避免出现应当移交档案馆而未移交的现象，使公众能够依据《档案法》的规定大体判断出信息是由行政机关保管还是已经移交档案馆，避免出现申请人向行政机关申请公开本应由档案馆保管的信息的现象。

100. 政府信息与国家档案如何区分？

政府信息与国家档案，存在密切的联系，实践中不太容易区分。

大体上可以这样简单地讲，行政机关在工作中形成的政府信息，根据《档案法》及其实施条例的规定，满足法定条件

（主要是时间条件）并经过法定程序，即被确定为国家档案。国家档案与国家秘密一样，是依法对特定政府信息确定的一种法律属性。是否属于国家档案，取决于是否满足法定条件并经过法定程序的确认。

有两种具体情形需要格外注意。

第一种是政府信息由本机关档案部门保管的，这部分政府信息是否构成国家档案呢？当然不是的。是否构成国家档案，关键在于是否符合法定条件并经过法定程序，而不在于由哪个具体机构保管，更不在于给它取了什么名字。

第二种是政府信息提前转交给国家档案馆的，这种情形相对复杂一些，更容易混淆政府信息与国家档案。国家档案馆提前介入，帮助行政机关管理政府信息，有利于加强政府信息的管理，避免灭失，这是一件好事，也是很多国家都在做的事。政府信息从行政机关转到国家档案馆，并不意味着当然地变成了国家档案，因为可能还不具备法定条件，也没有履行法定程序。这种情形，本质上属于国家档案馆代为保管，政府信息还是政府信息，不会因为国家档案馆的代为保管行为就转化为国家档案。

附　　录

附录 1

中华人民共和国政府信息公开条例

（2007 年 4 月 5 日中华人民共和国国务院令第 492 号公布　2019 年 4 月 3 日中华人民共和国国务院令第 711 号修订）

第一章　总　　则

第一条　为了保障公民、法人和其他组织依法获取政府信息，提高政府工作的透明度，建设法治政府，充分发挥政府信息对人民群众生产、生活和经济社会活动的服务作用，制定本条例。

第二条　本条例所称政府信息，是指行政机关在履行行政管理职能过程中制作或者获取的，以一定形式记录、保存的信息。

第三条　各级人民政府应当加强对政府信息公开工作的组织领导。

国务院办公厅是全国政府信息公开工作的主管部门，负责推进、指导、协调、监督全国的政府信息公开工作。

县级以上地方人民政府办公厅（室）是本行政区域的政府信息公开工作主管部门，负责推进、指导、协调、监督本行政区域的政府信息公开工作。

实行垂直领导的部门的办公厅（室）主管本系统的政府信息公开工作。

第四条 各级人民政府及县级以上人民政府部门应当建立健全本行政机关的政府信息公开工作制度，并指定机构（以下统称政府信息公开工作机构）负责本行政机关政府信息公开的日常工作。

政府信息公开工作机构的具体职能是：

（一）办理本行政机关的政府信息公开事宜；

（二）维护和更新本行政机关公开的政府信息；

（三）组织编制本行政机关的政府信息公开指南、政府信息公开目录和政府信息公开工作年度报告；

（四）组织开展对拟公开政府信息的审查；

（五）本行政机关规定的与政府信息公开有关的其他职能。

第五条 行政机关公开政府信息，应当坚持以公开为常态、不公开为例外，遵循公正、公平、合法、便民的原则。

第六条 行政机关应当及时、准确地公开政府信息。

行政机关发现影响或者可能影响社会稳定、扰乱社会和经济管理秩序的虚假或者不完整信息的，应当发布准确的政府信息予以澄清。

第七条 各级人民政府应当积极推进政府信息公开工作，逐步增加政府信息公开的内容。

第八条 各级人民政府应当加强政府信息资源的规范化、标准化、信息化管理，加强互联网政府信息公开平台建设，推进政府信息公开平台与政务服务平台融合，提高政府信息公开在线办理水平。

第九条 公民、法人和其他组织有权对行政机关的政府信息公开工作进行监督，并提出批评和建议。

第二章 公开的主体和范围

第十条 行政机关制作的政府信息，由制作该政府信息的行政机关负责公开。行政机关从公民、法人和其他组织获取的政府信息，由保存该政府信息的行政机关负责公开；行政机关获取的其他行政机关的政府信息，由制作或者最初获取该政府信息的行政机关负责公开。法律、法规对政府信息公开的权限另有规定的，从其规定。

行政机关设立的派出机构、内设机构依照法律、法规对外以自己名义履行行政管理职能的，可以由该派出机构、内设机构负责与所履行行政管理职能有关的政府信息公开工作。

两个以上行政机关共同制作的政府信息，由牵头制作的行政机关负责公开。

第十一条 行政机关应当建立健全政府信息公开协调机制。行政机关公开政府信息涉及其他机关的，应当与有关机关协商、确认，保证行政机关公开的政府信息准确一致。

行政机关公开政府信息依照法律、行政法规和国家有关规定需要批准的，经批准予以公开。

第十二条 行政机关编制、公布的政府信息公开指南和政府信息公开目录应当及时更新。

政府信息公开指南包括政府信息的分类、编排体系、获取方式和政府信息公开工作机构的名称、办公地址、办公时间、联系电话、传真号码、互联网联系方式等内容。

政府信息公开目录包括政府信息的索引、名称、内容概述、生成日期等内容。

第十三条 除本条例第十四条、第十五条、第十六条规定的政府信息外，政府信息应当公开。

行政机关公开政府信息，采取主动公开和依申请公开的方式。

第十四条 依法确定为国家秘密的政府信息，法律、行政法规禁止公开的政府信息，以及公开后可能危及国家安全、公共安全、经济安全、社会稳定的政府信息，不予公开。

第十五条 涉及商业秘密、个人隐私等公开会对第三方合法权益造成损害的政府信息,行政机关不得公开。但是,第三方同意公开或者行政机关认为不公开会对公共利益造成重大影响的,予以公开。

第十六条 行政机关的内部事务信息,包括人事管理、后勤管理、内部工作流程等方面的信息,可以不予公开。

行政机关在履行行政管理职能过程中形成的讨论记录、过程稿、磋商信函、请示报告等过程性信息以及行政执法案卷信息,可以不予公开。法律、法规、规章规定上述信息应当公开的,从其规定。

第十七条 行政机关应当建立健全政府信息公开审查机制,明确审查的程序和责任。

行政机关应当依照《中华人民共和国保守国家秘密法》以及其他法律、法规和国家有关规定对拟公开的政府信息进行审查。

行政机关不能确定政府信息是否可以公开的,应当依照法律、法规和国家有关规定报有关主管部门或者保密行政管理部门确定。

第十八条 行政机关应当建立健全政府信息管理动态调整机制,对本行政机关不予公开的政府信息进行定期评估审查,对因情势变化可以公开的政府信息应当公开。

第三章　主 动 公 开

第十九条　对涉及公众利益调整、需要公众广泛知晓或者需要公众参与决策的政府信息，行政机关应当主动公开。

第二十条　行政机关应当依照本条例第十九条的规定，主动公开本行政机关的下列政府信息：

（一）行政法规、规章和规范性文件；

（二）机关职能、机构设置、办公地址、办公时间、联系方式、负责人姓名；

（三）国民经济和社会发展规划、专项规划、区域规划及相关政策；

（四）国民经济和社会发展统计信息；

（五）办理行政许可和其他对外管理服务事项的依据、条件、程序以及办理结果；

（六）实施行政处罚、行政强制的依据、条件、程序以及本行政机关认为具有一定社会影响的行政处罚决定；

（七）财政预算、决算信息；

（八）行政事业性收费项目及其依据、标准；

（九）政府集中采购项目的目录、标准及实施情况；

（十）重大建设项目的批准和实施情况；

（十一）扶贫、教育、医疗、社会保障、促进就业等方面的政策、措施及其实施情况；

（十二）突发公共事件的应急预案、预警信息及应对情况；

（十三）环境保护、公共卫生、安全生产、食品药品、产品质量的监督检查情况；

（十四）公务员招考的职位、名额、报考条件等事项以及录用结果；

（十五）法律、法规、规章和国家有关规定规定应当主动公开的其他政府信息。

第二十一条 除本条例第二十条规定的政府信息外，设区的市级、县级人民政府及其部门还应当根据本地方的具体情况，主动公开涉及市政建设、公共服务、公益事业、土地征收、房屋征收、治安管理、社会救助等方面的政府信息；乡（镇）人民政府还应当根据本地方的具体情况，主动公开贯彻落实农业农村政策、农田水利工程建设运营、农村土地承包经营权流转、宅基地使用情况审核、土地征收、房屋征收、筹资筹劳、社会救助等方面的政府信息。

第二十二条 行政机关应当依照本条例第二十条、第二十一条的规定，确定主动公开政府信息的具体内容，并按照上级行政机关的部署，不断增加主动公开的内容。

第二十三条 行政机关应当建立健全政府信息发布机制，将主动公开的政府信息通过政府公报、政府网站或者其他互联网政务媒体、新闻发布会以及报刊、广播、电视等途径予以公开。

第二十四条 各级人民政府应当加强依托政府门户网站公开政府信息的工作,利用统一的政府信息公开平台集中发布主动公开的政府信息。政府信息公开平台应当具备信息检索、查阅、下载等功能。

第二十五条 各级人民政府应当在国家档案馆、公共图书馆、政务服务场所设置政府信息查阅场所,并配备相应的设施、设备,为公民、法人和其他组织获取政府信息提供便利。

行政机关可以根据需要设立公共查阅室、资料索取点、信息公告栏、电子信息屏等场所、设施,公开政府信息。

行政机关应当及时向国家档案馆、公共图书馆提供主动公开的政府信息。

第二十六条 属于主动公开范围的政府信息,应当自该政府信息形成或者变更之日起20个工作日内及时公开。法律、法规对政府信息公开的期限另有规定的,从其规定。

第四章 依申请公开

第二十七条 除行政机关主动公开的政府信息外,公民、法人或者其他组织可以向地方各级人民政府、对外以自己名义履行行政管理职能的县级以上人民政府部门(含本条例第十条第二款规定的派出机构、内设机构)申请获取相关政府信息。

第二十八条　本条例第二十七条规定的行政机关应当建立完善政府信息公开申请渠道，为申请人依法申请获取政府信息提供便利。

第二十九条　公民、法人或者其他组织申请获取政府信息的，应当向行政机关的政府信息公开工作机构提出，并采用包括信件、数据电文在内的书面形式；采用书面形式确有困难的，申请人可以口头提出，由受理该申请的政府信息公开工作机构代为填写政府信息公开申请。

政府信息公开申请应当包括下列内容：

（一）申请人的姓名或者名称、身份证明、联系方式；

（二）申请公开的政府信息的名称、文号或者便于行政机关查询的其他特征性描述；

（三）申请公开的政府信息的形式要求，包括获取信息的方式、途径。

第三十条　政府信息公开申请内容不明确的，行政机关应当给予指导和释明，并自收到申请之日起 7 个工作日内一次性告知申请人作出补正，说明需要补正的事项和合理的补正期限。答复期限自行政机关收到补正的申请之日起计算。申请人无正当理由逾期不补正的，视为放弃申请，行政机关不再处理该政府信息公开申请。

第三十一条　行政机关收到政府信息公开申请的时间，

按照下列规定确定：

（一）申请人当面提交政府信息公开申请的，以提交之日为收到申请之日；

（二）申请人以邮寄方式提交政府信息公开申请的，以行政机关签收之日为收到申请之日；以平常信函等无需签收的邮寄方式提交政府信息公开申请的，政府信息公开工作机构应当于收到申请的当日与申请人确认，确认之日为收到申请之日；

（三）申请人通过互联网渠道或者政府信息公开工作机构的传真提交政府信息公开申请的，以双方确认之日为收到申请之日。

第三十二条 依申请公开的政府信息公开会损害第三方合法权益的，行政机关应当书面征求第三方的意见。第三方应当自收到征求意见书之日起15个工作日内提出意见。第三方逾期未提出意见的，由行政机关依照本条例的规定决定是否公开。第三方不同意公开且有合理理由的，行政机关不予公开。行政机关认为不公开可能对公共利益造成重大影响的，可以决定予以公开，并将决定公开的政府信息内容和理由书面告知第三方。

第三十三条 行政机关收到政府信息公开申请，能够当场答复的，应当当场予以答复。

行政机关不能当场答复的，应当自收到申请之日起20

个工作日内予以答复;需要延长答复期限的,应当经政府信息公开工作机构负责人同意并告知申请人,延长的期限最长不得超过20个工作日。

行政机关征求第三方和其他机关意见所需时间不计算在前款规定的期限内。

第三十四条 申请公开的政府信息由两个以上行政机关共同制作的,牵头制作的行政机关收到政府信息公开申请后可以征求相关行政机关的意见,被征求意见机关应当自收到征求意见书之日起15个工作日内提出意见,逾期未提出意见的视为同意公开。

第三十五条 申请人申请公开政府信息的数量、频次明显超过合理范围,行政机关可以要求申请人说明理由。行政机关认为申请理由不合理的,告知申请人不予处理;行政机关认为申请理由合理,但是无法在本条例第三十三条规定的期限内答复申请人的,可以确定延迟答复的合理期限并告知申请人。

第三十六条 对政府信息公开申请,行政机关根据下列情况分别作出答复:

(一)所申请公开信息已经主动公开的,告知申请人获取该政府信息的方式、途径;

(二)所申请公开信息可以公开的,向申请人提供该政府信息,或者告知申请人获取该政府信息的方式、途径和时间；

（三）行政机关依据本条例的规定决定不予公开的，告知申请人不予公开并说明理由；

（四）经检索没有所申请公开信息的，告知申请人该政府信息不存在；

（五）所申请公开信息不属于本行政机关负责公开的，告知申请人并说明理由；能够确定负责公开该政府信息的行政机关的，告知申请人该行政机关的名称、联系方式；

（六）行政机关已就申请人提出的政府信息公开申请作出答复、申请人重复申请公开相同政府信息的，告知申请人不予重复处理；

（七）所申请公开信息属于工商、不动产登记资料等信息，有关法律、行政法规对信息的获取有特别规定的，告知申请人依照有关法律、行政法规的规定办理。

第三十七条　申请公开的信息中含有不应当公开或者不属于政府信息的内容，但是能够作区分处理的，行政机关应当向申请人提供可以公开的政府信息内容，并对不予公开的内容说明理由。

第三十八条　行政机关向申请人提供的信息，应当是已制作或者获取的政府信息。除依照本条例第三十七条的规定能够作区分处理的外，需要行政机关对现有政府信息进行加工、分析的，行政机关可以不予提供。

第三十九条　申请人以政府信息公开申请的形式进行信访、投诉、举报等活动，行政机关应当告知申请人不作为政府信息公开申请处理并可以告知通过相应渠道提出。

申请人提出的申请内容为要求行政机关提供政府公报、报刊、书籍等公开出版物的，行政机关可以告知获取的途径。

第四十条　行政机关依申请公开政府信息，应当根据申请人的要求及行政机关保存政府信息的实际情况，确定提供政府信息的具体形式；按照申请人要求的形式提供政府信息，可能危及政府信息载体安全或者公开成本过高的，可以通过电子数据以及其他适当形式提供，或者安排申请人查阅、抄录相关政府信息。

第四十一条　公民、法人或者其他组织有证据证明行政机关提供的与其自身相关的政府信息记录不准确的，可以要求行政机关更正。有权更正的行政机关审核属实的，应当予以更正并告知申请人；不属于本行政机关职能范围的，行政机关可以转送有权更正的行政机关处理并告知申请人，或者告知申请人向有权更正的行政机关提出。

第四十二条　行政机关依申请提供政府信息，不收取费用。但是，申请人申请公开政府信息的数量、频次明显超过合理范围的，行政机关可以收取信息处理费。

行政机关收取信息处理费的具体办法由国务院价格主管部门会同国务院财政部门、全国政府信息公开工作主管部门制定。

第四十三条 申请公开政府信息的公民存在阅读困难或者视听障碍的，行政机关应当为其提供必要的帮助。

第四十四条 多个申请人就相同政府信息向同一行政机关提出公开申请，且该政府信息属于可以公开的，行政机关可以纳入主动公开的范围。

对行政机关依申请公开的政府信息，申请人认为涉及公众利益调整、需要公众广泛知晓或者需要公众参与决策的，可以建议行政机关将该信息纳入主动公开的范围。行政机关经审核认为属于主动公开范围的，应当及时主动公开。

第四十五条 行政机关应当建立健全政府信息公开申请登记、审核、办理、答复、归档的工作制度，加强工作规范。

第五章 监督和保障

第四十六条 各级人民政府应当建立健全政府信息公开工作考核制度、社会评议制度和责任追究制度，定期对政府信息公开工作进行考核、评议。

第四十七条 政府信息公开工作主管部门应当加强对政府信息公开工作的日常指导和监督检查，对行政机关未按照要求开展政府信息公开工作的，予以督促整改或者通报批评；需要对负有责任的领导人员和直接责任人员追究责任的，依法向有权机关提出处理建议。

公民、法人或者其他组织认为行政机关未按照要求主动公开政府信息或者对政府信息公开申请不依法答复处理的，可以向政府信息公开工作主管部门提出。政府信息公开工作主管部门查证属实的，应当予以督促整改或者通报批评。

第四十八条 政府信息公开工作主管部门应当对行政机关的政府信息公开工作人员定期进行培训。

第四十九条 县级以上人民政府部门应当在每年1月31日前向本级政府信息公开工作主管部门提交本行政机关上一年度政府信息公开工作年度报告并向社会公布。

县级以上地方人民政府的政府信息公开工作主管部门应当在每年3月31日前向社会公布本级政府上一年度政府信息公开工作年度报告。

第五十条 政府信息公开工作年度报告应当包括下列内容：

（一）行政机关主动公开政府信息的情况；

（二）行政机关收到和处理政府信息公开申请的情况；

（三）因政府信息公开工作被申请行政复议、提起行政诉讼的情况；

（四）政府信息公开工作存在的主要问题及改进情况，各级人民政府的政府信息公开工作年度报告还应当包括工作考核、社会评议和责任追究结果情况；

（五）其他需要报告的事项。

全国政府信息公开工作主管部门应当公布政府信息公开工作年度报告统一格式，并适时更新。

第五十一条 公民、法人或者其他组织认为行政机关在政府信息公开工作中侵犯其合法权益的，可以向上一级行政机关或者政府信息公开工作主管部门投诉、举报，也可以依法申请行政复议或者提起行政诉讼。

第五十二条 行政机关违反本条例的规定，未建立健全政府信息公开有关制度、机制的，由上一级行政机关责令改正；情节严重的，对负有责任的领导人员和直接责任人员依法给予处分。

第五十三条 行政机关违反本条例的规定，有下列情形之一的，由上一级行政机关责令改正；情节严重的，对负有责任的领导人员和直接责任人员依法给予处分；构成犯罪的，依法追究刑事责任：

（一）不依法履行政府信息公开职能；

（二）不及时更新公开的政府信息内容、政府信息公开指南和政府信息公开目录；

（三）违反本条例规定的其他情形。

第六章　附　　则

第五十四条 法律、法规授权的具有管理公共事务职能的组织公开政府信息的活动，适用本条例。

第五十五条 教育、卫生健康、供水、供电、供气、供热、环境保护、公共交通等与人民群众利益密切相关的公共企事业单位，公开在提供社会公共服务过程中制作、获取的信息，依照相关法律、法规和国务院有关主管部门或者机构的规定执行。全国政府信息公开工作主管部门根据实际需要可以制定专门的规定。

前款规定的公共企事业单位未依照相关法律、法规和国务院有关主管部门或者机构的规定公开在提供社会公共服务过程中制作、获取的信息，公民、法人或者其他组织可以向有关主管部门或者机构申诉，接受申诉的部门或者机构应当及时调查处理并将处理结果告知申诉人。

第五十六条 本条例自 2019 年 5 月 15 日起施行。

附录 2

国务院办公厅政府信息与政务公开办公室关于机构改革后政府信息公开申请办理问题的解释

（国办公开办函〔2019〕14 号）

广东省人民政府办公厅：

《关于请求明确依申请公开相关事宜处理方式的函》（粤办函〔2019〕4 号）收悉。经研究并征求司法部、国家档案局、最高人民法院等单位意见，现函复如下：

按照有关法律规定，行政机关职权发生变更的，由负责行使有关职权的行政机关承担相应的责任。根据《中华人民共和国政府信息公开条例》有关规定，政府信息公开申请应当按照“谁收到、谁处理”的原则办理。对于行政机关职权划转后的政府信息公开责任划分问题，提出如下处理意见：

第一，行政机关涉及职权划转的，应当尽快将相关政府信息一并划转。

第二，申请人向职权划出行政机关申请相关政府信息公开的，职权划出行政机关可在征求职权划入行政机关意见后作出相应处理，也可告知申请人向职权划入行政机关另行提出申请。

第三,申请人向职权划入行政机关申请相关政府信息公开的,职权划入行政机关应当严格依法办理,与职权划出行政机关做好衔接,不得以相关政府信息尚未划转为由拒绝。

第四,相关政府信息已经依法移交国家档案馆、成为国家档案的,按照《中华人民共和国档案法》及相关规定管理。对于相关政府信息公开申请,行政机关可以告知申请人按照档案法的规定办理。

第五,行政机关职权划入党的机关的,如果党的机关对外加挂行政机关牌子,相关信息公开事项以行政机关名义参照前述规定办理;如果党的机关没有对外加挂行政机关牌子,相关信息公开事项按照《中国共产党党务公开条例(试行)》办理。

国务院办公厅政府信息与政务公开办公室

2019 年 2 月 2 日

国务院办公厅政府信息与政务公开办公室关于政府信息公开申请接收渠道问题的解释

（国办公开办函〔2017〕19号）

水利部办公厅：

《关于商请明确信息公开申请受理渠道有关问题的函》（办综函〔2017〕559号）收悉。经研究，并经征求国务院法制办公室、最高人民法院等单位的意见，现答复如下：

《中华人民共和国政府信息公开条例》规定，申请人应当以书面方式（包括数据电文形式）申请获取政府信息，或者口头提出、由行政机关代为填写政府信息公开申请，但是，对于行政机关通过什么渠道、具体如何接收申请人的申请，没有具体规定。为进一步规范行政机关的政府信息公开申请接收行为，在充分参考行政许可申请接收、行政复议申请受理等相关领域法律规定及实际做法的基础上，现就政府信息公开申请接收渠道有关问题明确如下：

一、"当面提交"和"邮政寄送"是政府信息公开申请的基本渠道，申请人通过这两种基本渠道提交的政府信息公开申请，行政机关不得以任何理由拒绝接收。

二、为进一步便利申请人、提高工作效率，鼓励行政机关结合自身实际开通传真、在线申请、电子邮箱等多样化申请接收渠道。行政机关应当将本单位所开通的申请接收渠道及具体的使用注意事项,在政府信息公开指南中专门说明并向社会公告,并对已经专门说明并公告的申请接收渠道承担相应法律义务。行政机关没有按照上述要求专门说明并公告的,应当充分尊重申请人的选择。

三、行政机关应当加强对政府信息公开申请接收渠道的规范管理,建立健全内部管理制度,完善申请处理流程,防止因遗漏、延误、内部衔接不畅等问题损害申请人合法权益,最大限度减少不必要的行政争议。

国务院办公厅政府信息与政务公开办公室
2017 年 7 月 5 日

国务院办公厅政府信息与政务公开办公室关于政府信息公开处理决定送达问题的解释

（国办公开办函〔2016〕235号）

农业部办公厅：

《关于可否采用到付方式送达政府信息公开答复的函》（农办便函〔2016〕233号）收悉。经研究并征求国务院法制办、最高人民法院和国家邮政管理部门意见，现答复如下：

一、行政机关作出的信息公开处理决定，是正式的国家公文，应当以权威、规范的方式依法送达申请人。参照有关法律规定，送达方式包括直接送达、委托其他行政机关代为送达和邮寄送达。

二、采取邮寄送达方式送达的，根据《中华人民共和国邮政法》第五十五条规定，以及我国国家公文邮寄送达实际做法，应当通过邮政企业送达，不得通过不具有国家公文寄递资格的其他快递企业送达。

三、采取邮寄送达方式送达的，行政机关可以依照《中华人民共和国政府信息公开条例》及有关规定收取邮寄成本费用，但不得以要求申请人向邮政企业支付邮寄费的方式收取。

四、采取直接送达、委托其他行政机关代为送达等方式送达的，以申请人及其法定代理人签收之日当日为期限计算时点。采取邮寄送达方式送达的，以交邮之日当日为期限计算时点。

五、本答复做出以前，已经通过其他快递企业寄出的，以交邮之日当日为期限计算时点。

国务院办公厅政府信息与政务公开办公室
2016 年 12 月 7 日

国务院办公厅政府信息与政务公开办公室关于明确政府信息公开与业务查询事项界限的解释

（国办公开办函〔2016〕206号）

国土资源部办公厅：

《关于不动产登记资料依申请公开问题的函》（国土资厅函〔2016〕363号）收悉。经研究，并经征求国务院法制办公室、最高人民法院的意见，答复如下：

不动产登记资料查询，以及户籍信息查询、工商登记资料查询等，属于特定行政管理领域的业务查询事项，其法律依据、办理程序、法律后果等，与《政府信息公开条例》所调整的政府信息公开行为存在根本性差别。当事人依据《政府信息公开条例》申请这类业务查询的，告知其依据相应的法律法规规定办理。

国务院办公厅政府信息与政务公开办公室

2016年9月18日

国务院办公厅政府信息与政务公开办公室关于政府信息公开年度报告有关项目填报问题的解释

（国办公开办函〔2016〕201 号）

深圳市人民政府办公厅：

《关于对政府信息公开有关事项给予指导的函》（深府办函〔2016〕112 号）收悉。经研究并征求国务院法制办、最高人民法院意见，现答复如下：

根据《政府信息公开条例》第 32 条规定，应当在政府信息公开年度报告发布的行政诉讼案件数量，是"因政府信息公开申请行政复议、提起行政诉讼的情况"。行政复议机关作为共同被告的行政诉讼案件，主要的案由是原行为主体的政府信息公开行为，行政复议机关是因为履行行政复议职责成为原行为主体的共同被告，不是直接因为政府信息公开而被提起行政诉讼。据此，行政机关在依据《政府信息公开条例》的规定对外发布政府信息公开年度报告时，对于行政复议机关作为共同被告的行政诉讼案件，只计算原行为主体的案件数量，不计算行政复议机关的案件数量。

国务院办公厅政府信息与政务公开办公室

2016 年 9 月 1 日

国务院办公厅政府信息与政务公开办公室关于政府信息公开期限有关问题的解释

（国办公开办函〔2015〕207号）

国务院国有资产监督管理委员会信息公开办公室：

《关于商请明确依申请公开办理程序有关问题的函》收悉。综合参考我国诉讼法和其他国家信息公开法的相关规定，结合信息公开工作实际，经征求国务院法制办秘书行政司、最高人民法院办公厅等单位的意见，现答复如下：

一、关于"收到信息公开申请"的时点确定问题

1. 申请人当面提交信息公开申请的，以提交之日为收到申请之日。

2. 申请人以邮寄方式提交信息公开申请的，以行政机关签收之日为收到申请之日。申请人以平信等无需签收的邮寄方式提交信息公开申请的，或者将信息公开申请寄送至行政机关政府信息公开工作机构以外的机构或个人的，政府信息公开工作机构应当在实际收到信息公开申请的当日电话联系申请人予以确认，并以确认之日为收到申请之日，申请人没有提供联系电话或提供的联系电话无法接通的，行政机关政府信息公开工作机构应当做好登记，自恢复与申请人

的联络之日启动处理程序并起算期限。

3. 申请人通过行政机关对外公布的信息公开申请邮箱提交申请的，自电子邮件系统接收之日为收到申请之日。

4. 申请人通过行政机关对外公布的信息公开申请传真提交申请的，自传真收到并双方确认之日为收到申请之日。

5. 申请人通过行政机关对外公布的其他接收渠道提交申请的，以行政机关规定的时间为收到申请之日，没有规定的，以双方确认之日为收到申请之日。

信息公开处理期限，自收到申请之日的次日起计算。

二、关于补正期间停止计算期限问题①

申请人申请内容不明确，行政机关依法告知申请人作出更改、补充的，依申请办理时限可以自补正通知发出之日停止计算，待收到申请人补正材料之日起，继续计算剩余期限。补正通知发出之日当日以及收到申请人补正材料之日当日，不计算在内。

行政机关在补正通知中明确了合理的补正材料提交期限，申请人逾期不提交补正材料的，视为撤回信息公开申请。

国务院办公厅政府信息与政务公开办公室
2015 年 11 月 18 日

---

① 关于补正期间的期限计算问题，《政府信息公开条例》作了新规定，改为中断计算。因此，这部分内容不再适用，其他内容依然适用。

国务院办公厅政府信息与政务公开办公室关于政府信息公开申请答复主体有关问题的解释

（国办公开办函〔2014〕67号）

河北省人民政府办公厅：

《关于征地批复类信息依申请公开有关问题的请示》收悉。经研究并书面征求国土资源部、国务院法制办的意见，现回复如下：

根据《政府信息公开条例》的规定，收到信息公开申请的部门，应当在法定期限内对申请人做出答复。申请人向省政府办公厅提出申请的，省政府办公厅应当依法做出答复。你们2011年商省法制办、省高院等单位确定的答复方式，即省政府办公厅在法定期限内书面告知申请人、由省国土资源厅在法定期限内对申请人予以答复，法律上可视为省政府办公厅委托省国土资源厅在法定期限内做出答复，并将这一委托行为告知申请人。这一处理方式并不违反《政府信息公开条例》的规定，只是其法律后果依然由省政府办公厅承担。如果省政府办公厅以征地批复类信息由省国土资源厅具体制作并保存为由，对申请人的申请不予答复，或者告知申请人应当向省国土资源厅另行提出申请，尚缺乏法律依据。

国务院办公厅政府信息与政务公开办公室
2014年9月3日

后　记

给这样一本小书写后记，一方面是要表明，它不同于同类普法读本，而是被作为非常正式的作品对待，另一方面也是因为有一些重要情况需要交代。

本书是关于政府信息公开实务操作的百问百答。这一百个问题，有些在制度上已经有了依据，有些问题则还没有足够明确的依据，只能综合考虑各方面因素，如理论通识、实践共识、司法尺度、相关领域法律规定等，尽可能给出具有可操作性的回答。可操作性，是本书最大的关切。本书对所有问题的回答，都直奔主题，不含糊其词。正因如此，在校核最终书稿时，这本小书带给我的压力，比之前任何一本都大。也因如此，本书对很多问题的回答，未必都那么准确，只能作为一家之言，仅供参考。

本书是各方面共同写成的。一百个问题，都是广大政府信息公开同人在工作实践中实际遇到并提出来的。对这一百个问题的回答，则是综合了司法审判工作者、行政复议工作者、相关立法工作者、专家等的探索成果而得出的。本书的实际作者，是来自方方面面的政府信息公开实践者，我只是具体执笔人。如果本书能对政府信息公开实践起到一些积极作用，首先要感谢的，是这些共同作者，同时要感谢我所在单位的一贯大力支持，当然，也要感谢为本书核校热情赞助了橡皮擦的后懿轩小朋友。

后向东谨识于北京广安门
2019 年 9 月 23 日

图书在版编目（CIP）数据

中华人民共和国政府信息公开条例（2019）百问百答／后向东著．—北京：中国法制出版社，2019.12（2025.11 重印）

ISBN 978－7－5216－0652－2

Ⅰ．①中… Ⅱ．①后… Ⅲ．①国家行政机关－信息管理－条例－中国－问题解答 Ⅳ．①D922.105

中国版本图书馆 CIP 数据核字（2019）第 242482 号

策划编辑：谢　雯　　责任编辑：谢　雯　赵律玮　　封面设计：周黎明

中华人民共和国政府信息公开条例（2019）百问百答

ZHONGHUA RENMIN GONGHEGUO ZHENGFU XINXI GONGKAI TIAOLI（2019）
BAI WEN BAI DA

著者/后向东
经销/新华书店
印刷/北京虎彩文化传播有限公司
开本/880 毫米×1230 毫米　32 开　　印张/4　字数/60 千
版次/2019 年 12 月第 1 版　　2025 年 11 月第 10 次印刷

中国法制出版社出版
书号 ISBN 978－7－5216－0652－2　　定价：16.00 元

北京市西城区西便门西里甲 16 号西便门办公区
邮政编码：100053　　传真：010－63141600
网址：http：//www.zgfzs.com　　编辑部电话：010－63141793
市场营销部电话：010－63141612　　总编室电话：010－63141606

（如有印装质量问题，请与本社总编室联系。）